U0112057

大展好書 好書大展

大展好書 好書大展

社會人智囊
45

名人名語啓示錄

喬家楓／編著

大展出版社有限公司

序

我們有時會在意外的情況下，得到解決困擾的啓示；或在偶然的機會中，發現自己潛在的缺點。

目睹熟透的蘋果掉落地上，而發明地心引力的牛頓；當然不能否認他觀察力的敏銳，但也是因一個偶然的機會，才啓發了這個天才。他必定有許多次看見東西掉落地上的經驗，因他有敏銳的觀察力；所以，第一次看到這種情形時，他就已發現了地球上有某種自然法則。

後來他又幾次觀察東西掉下的情形，直到蘋果掉下來時，才猛然領悟其中的道理；這是因爲在那一瞬間，他的思想方向正好與周遭的事物相同，而得到的靈感。假若在我們的一生中，能經歷到這種啓發自己的關鍵，已可說是三生有幸。

但是，我們不能光在那裏等待蘋果掉下來的機會，來給我們啓示；在這競爭劇烈的社會，要創造充實美滿的人生，就必須不斷地加強自己。與其一時地期待偶然，不如主動地創造機會。

因此，我們在這裏收錄了一百四十五篇，先人所留下的金玉良言。希望它能爲讀者提供像「牛頓的蘋果」般的啓示與靈感；這也就是我們編輯本書的動機。

本書精選了古今中外的名言，上起柏拉圖時代，下至阿伊拉時代，範圍博大、內容豐富。其中的解說或許令人感到繁瑣，但每一句名言，都蘊含著深意；適合讀者作有系統的精讀，若時間不夠，也不妨瀏覽一番；也許就在翻閱之際，帶給您某方面的啓示與靈感。

當然，名言集在過去已出版了許多，但都缺乏本書的特色。本書乃配合需要，加上名言人物的小傳來解說，但沒有小傳的冗長；最主要是敍述先人的生活點滴，與名言相對照，以期使讀者能舉一反三。

目錄

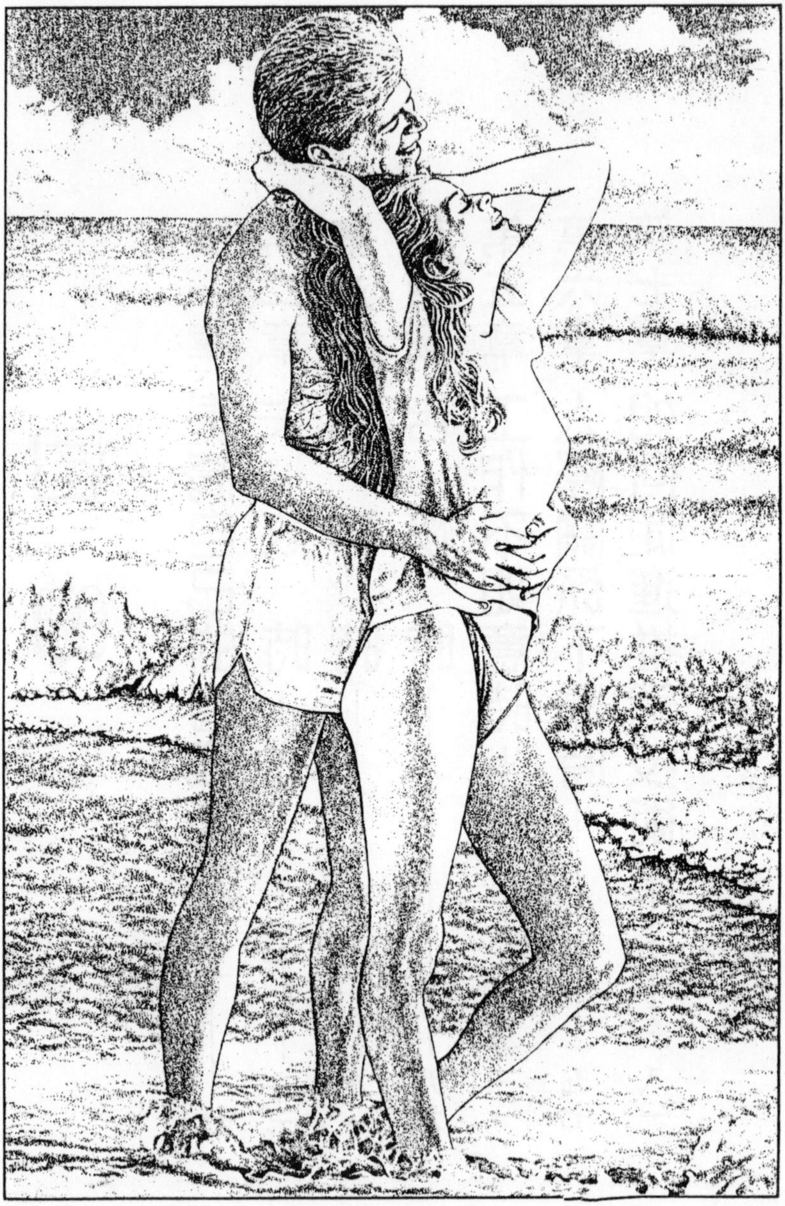

第一章
提高自己的智識能力

要想成就大事的話，就必須永遠保持年輕的心境；即使您已不再年輕——歌德

這位出生於德國的偉大詩人，在他七十四歲時，曾瘋狂地愛上一位十八歲的少女；並且向她求婚。

這件事所要說明的，並不是他的戀愛關係；而是他永遠保持著年輕的情緒。羅馬不是一天造成的；相同地，偉大的成就，也不是朝夕可得；它是歷經長久的歲月，點點滴滴累積而來。但我們隨著年紀的增長，活力會逐漸消失，而慢慢放棄年輕時的理想與抱負。另一方面因生活經驗的累積，處事態度也愈老練、世故。也因此，遇到任何事情都容易妥協；但這種現象卻會成為事業成功的障礙。為了避免這種情形；所以，即使已經歷人生挫折，仍須繼續保持著年輕時發奮圖强的壯志。

我們不妨找出幾個在事業上有不凡成就的人，仔細觀察他們的性格及處事態度，您將會意外地發現，他們有份與年齡不調合的孩子氣；許多大人們不感興趣的事，他們卻非常關心；且他們會在團體中坦率地提出意見，或露骨地表達自己的感情。

但是，這並非意味著這些成功者人格異常；而是他們的精神永遠年輕，且不忘年輕時，勇於表現的魄力。

假若年紀輕輕時，就好像什麼都懂，一付非常穩重的樣子；那他就不可能懷抱著遠大的理想；失敗時也不會有捲土重來的勇氣；因他沒有繼續追求夢想的年輕心境。而這就是成就大事的關鍵。

這位優異的人類觀察者，兼德國大詩人，就以這句話來告訴您其中的道理。

知而不行，等於不知——貝原益軒

貝原益軒生長於日本江戶時代，是十七世紀服務於黑田藩的儒者。他的著作『女大學』，現在仍頗負盛名。但有人說，這本書是後人以他的著作為基礎而完成的；也有人說是他學問淵博的妻子，東軒的作品。

所謂「知行一致」，也就是說行為必須配合我們所知的道理。這句話是他年輕時，從陽明學說中領悟的根本道理。事實上，這句話不僅適用於儒學的觀點，也可作為其他方面的真理。

若光知道某種知識或道理，卻不付諸實行，也就無法發揮此種知識的功能；如此就與不知道這項道理沒有兩樣了。

但是知行合一，對任何人來說都是很難的事。例如「成功的推銷術」這類的書不知出版了幾十冊，甚至幾百冊；假若每個人都能實行其中的方法，那社會上的人，將全部都是優秀的推銷員。但原理終歸是原理，讀者們雖然會有同感，卻因為實際情況不可能如同書中的描述，那般順利；也因此無從把握實行的要領。

當然，別人所說的話，並非句句都是至理名言；所以必須抱著批判或分析的態度。但若能坦率地接受別人的建議，且證明那是正確的真理；那麼對於個人的思想行為，會有直接的幫助。

一般實行力很强的人，對於自己的計畫，會立刻展開行動。這種人對於任何事情都很容易接受；也因此，他們會盡量接受別人的意見。

知道了卻不予於實行，則無異於不知。如認為是好的、對的，就必須養成立刻實行的習慣。倘若徒然瞭解其中的道理，卻不付諸行動，反而找出許多藉口，來替自己掩飾；這種人是在浪費蘊育在人生中的寶貴知識。

假若說成功是有秘訣的；那就是要具備體諒別人立場的能力。也就是以自己的立場觀察，以別人的立場思考的能力——亨利福特

具備站在別人的立場，來觀察事物的能力，有兩種意義。

第一、你可以瞭解別人心裏的想法，做出配合他所需要的事情。例如替顧客的服務，需先瞭解消費者需要什麼樣的商品；以及建立良好的人際關係。

第二、在面對著某種競爭時，可預知對方將採取何種手段，而事先研究出對抗的方法；卽所謂的「知己知彼，百戰百勝」。

所以，假若能瞭解對方的立場，然後配合自己的立場，作各方面的觀察與比較；那麼就可發揮正反兩方面的能力，而這兩種能力可說是成功不可或缺的條件。

那麼以別人的立場來觀察事物的能力，又該如何培養呢？

每個人都有以自我為中心的意識，而這種現象也就成為體諒別人的障礙。假若在任何場合中，都只感覺到自己的存在，而常常忽略別人；這種人要求他體諒別人的立場，簡直太難了；而他們以自我為中心的傾向很强烈，所以，要改善他們的人際關係，必須先壓抑這種性格。

在日常生活中，應仔細觀察周遭的人，時常在腦海中假設他人的心理與行為；且不管發生任何狀況，都應考慮到別人的感受；雖然這實行起來並不容易，但卻可做為瞭解別人心情的訓練。

此外，腦海中必須常有這種想法；即如果我是他的話，這件事我將如何處理？如此常可意外地體會出解決問題的方法？

假若您有這樣的耐性，那麼即使原本非常惹您討厭的傢伙，且被列為拒絕往來的對象，也可能因您對他的瞭解，而改變您們之間的關係。

人是否賢能的關鍵，並不在於經驗的多寡，而在於他如何發揮經驗——蕭伯納

從十九世紀至二十世紀間，創作了許多戲劇作品的喬治·蕭伯納，被稱為是英國近代戲劇的創始者，也得到諾貝爾文學獎。他本出身於窮困的商人之家，從小就培養了勤勉的個性；後來終於由一家不動產公司的小工友，慢慢地建立起自己的社會地位。

因為他對人的批評，言詞相當尖酸刻薄；所以，他在一般人的心目中，是個善

於諷刺人的藝術家。但這種情形乃因為他不滿社會上的一些流弊而引起，也正反映他所留下的名言。就像我們的周遭一樣，有些人雖然經驗豐富，但卻不知學習，以致仍無法提升自己的能力；而有些人經驗不多，但處處學習，所以，時時進步。

那這兩種人到底有什麼差別呢？

懂得利用經驗的人，即使失敗了，也沒有什麼損失，因為他們能從挫折中獲得教訓，奠定日後成功的基礎；這樣的人也永不會遭受同樣的失敗。

相反地，有人一朝成功，卻不懂得謙虛自持，及多方面的充實自己，只一味夢想轟轟烈烈的成功，這樣不僅無法將夢想變成理想，而且再也不可能有成功的機會，因為可能一時僥倖，卻不可能一輩子都有這樣的運氣。

也就是說，無論是成功或失敗，能從經驗中體會學習的人，才能使自己的進步永無止境，倘若不知在這方面多學習，將會因一次失敗，就使自己永遠停頓。

人之所以異於動物，就是因為有和經驗的累積相對進步的能力；假若不懂把握這份天賦的靈性，就等於是自動放棄人類可貴的特權了。

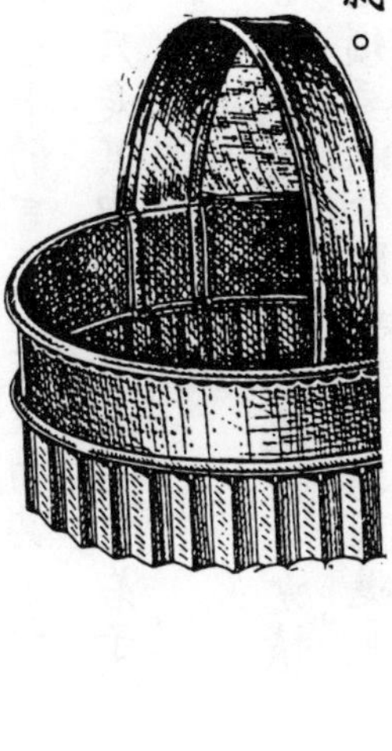

己所不欲，勿施於人——孔子

孔子生於西元前六世紀，是我國偉大的思想家。他生平的言行，後來由其弟子及再傳弟子整理下來，即家喻戶曉的『論語』。這句話只是其中的一個小節，弟子仲弓請問孔子說「何謂仁？」孔子就以這句話回答他。

孔子所謂的「仁」，也就是古代思想家的出發點。他們認為人間的親情、愛情都可作為仁的基本。而要完美地處理人間各種感情，必須要以學問和教育為基礎。現在，用心去體會這兩千五百年前的一句話，可說它是現代人際關係中，最重要的至理名言。

自己不願接受的事情，拿來加諸於別人身上，別人當然也會以同樣的心情來排斥；所以這種事不能作，這樣的說法，自然是理所當然的。

實際上，我們在日常生活中卻常忽略了這些小節。在這現實的社會中，人人都只顧著保護自己，把自己不願接受的事推給別人，而作出彼此傷害的事來。

這一切的行為都根源於人類的自私心；我們在自己受到傷害時，常會毫不猶豫地加以反擊；但傷害到別人時，卻往往渾然不知；也因為這種保護自己的天性，常促使人類無情地對抗，甚至傷害別人，也因此惡化了人際關係，這時我們需要教育和學習來潛化自己。

有些人邪惡地將自己所不欲的，施給別人；同樣的，粗心的人也常在不知不覺中傷害了別人；這種感覺遲鈍的人，一直到自己也受到同樣的傷害時，才會了解個中滋味；也體會出加諸於別人的傷害有多深。

自己的所作所為，對別人將會產生什麼樣的影響；假若自己面臨同樣的情形，感受又如何呢？——常以這樣的觀點來反省自己的行為，這對於建立良好的人際關係來說，是相當重要的。

最一般性的迷惘之一；現在，並非具有決定性的時刻，一切事情都還有改變的餘地。

但有一點不可忘記，今天是一生中最重要的日子——愛默生

愛默生是十九世紀，美國的哲學家。他出生於牧師世家，幼年時父親就去世；他苦讀於哈佛大學的神學科，畢業之後就當了牧師。

他這句有教訓意味的話，道盡了浪費時間之人的缺點，真有當頭棒喝的作用。

也就是說，我們總是在無形中浪費生命；不懂得把握現在是一般人的通病。如果您能確認時光的流逝是無法挽回的，那自然就會鞭策自己，使日子過得更充實。當然，我們會盡量使自己的每一個今天，都是最美好的。

試想，假若能將每個最好的今天累積下來，那麼這個人的生命，會是如何豐富而有意義。

也可以說，這句話是探討時間管理之根本問題的藝術與哲學。

假如您不懂得把握現在，將它視為具有決定性的重要時刻；心想等待明天或後天再努力，結果只有徒然浪費時間。因明天之後還有明天，而在這種惰性的掩飾之下，空虛地渡過一生。

我們應該再度地認清，歲月是無情的，不知及時把握的人，只有空留遺憾。

利欲會使一種人蒙蔽雙眼，
卻會驅使另一種人去開拓光明的前程——拉羅修克夫

俗語說，利欲薰心；不知有多少人因這點而失敗。

有這種愚蠢的人，相反地，也有人一心夢想發財，成為富翁，但他也以此來鞭策自己，結果終於達成心願、飛黃騰達，這種例子也不在少數。

那被利欲沖昏了頭，和因利欲的驅使而成功的人，到底有何不同？

被利欲沖昏了頭的人，只想達到目的，而不擇手段；相反地，在利欲的驅使之下，咬牙奮鬥成功的人，是把結果當作一種追求的目標。

人類的行為都是基於某種欲望的驅使，為實現欲望而鞭策自己；但須瞭解，人的欲望乃是把雙面的利刄。

如果您希望達成心願，或獲得某種東西；卻不用正當的方法，那麼不僅不能由

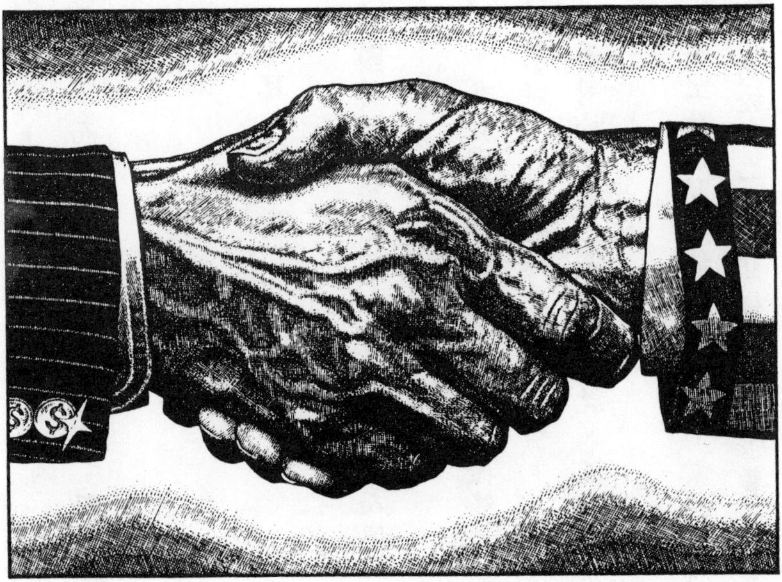

於利欲的驅使，而使您發奮圖強；可能反而因此走上身敗名裂之途。

如果把自己的欲望當成一種目標，一種理想，而且是督促自己的力量；那這種人就可以因利欲的鞭策，而開拓出光明的坦途。

成功者與失敗者最大的差別就在這裏。

人生短暫，已不容許再浪費時間——撒母耳·約翰生

撒母耳·約翰生生於西元十八世紀，是英國的批評家兼詩人，他的『詩人傳』是英國文學史上的巨著。

他生長於窮鄉僻壤，以經營小型書店為生，在貧困的環境中苦學，最後終於建立起一流文學家的地位。對於這樣的一位詩人來說，人生的確是非常短暫。

推銷員通常都具備有支配時間的觀念；因為對於經營企業的人來說，這點是成功與否的關鍵。

但是我們現在所見的社會上的情形，一般對工作時間都能充分利用；業餘時卻感到無所適從；亦卽只注重上班時間的管理，屬於自己的時間卻常徒然浪費掉。

可能有人如此認為，若一天24小時都嚴格地約束自己，那豈不是太痛苦了嗎？但假如說工作的時間很忙碌，那麼業餘的時間就更需要有細密的安排了，因為在短暫的人生中，除了工作之外，尚有許多的事情等待著我們去學習；而如此地浪費時間，等於更縮短了人生的歷程。

所以，不僅要有控制工作時間的能力，還要懂得如何安排一生的歲月。時間是個神奇而不可思議的東西，因運用技巧的不同，而可長可短。能及早領悟這個道理的人，往往成為最後的勝利者。

若我們回顧已結束的一天，而內心充滿成就感；

這就是人生最大的樂趣——大倉喜八郎

大倉喜八郎是明治時代的實業家。大倉飯店中還留有他的大名。他由開鎗店起家，最後建立了大倉組商會。因中日、日俄兩戰爭，使他一躍大倉財閥；這個人可說是天生的事業家。

像他這種事業成功的人，雖說他們有比別人更高的天才；但仍不能否認，艱苦的奮鬥才是成功的原動力。而前面的這句話，正足以說明他的成功。

排斥工作的人，與對工作抱著濃厚興趣的人，其工作效率自然不同。所以，從事任何一種工作，都要督促自己盡忠職守，這也就是成功的關鍵。

其次，必須在一天結束之後，虛心地反省自己的所作所為。如對自己的工作成績不滿意，或該做到的卻沒有達到標準，那就應警惕自己，明天不可再犯同樣的錯誤。

而假若回顧之際，內心充滿成就感，那麼就可慶幸擁有了最美好的一天。而為了永遠感受這份喜悅，就需永遠保持一份勤勉奮鬥的精神。

相反地，有些人整天只知道結伴打麻將，出入於酒吧；這種不但是得不到充實的感覺，而反覆地做出欺騙自己的行為；明天對這種人來說，不是一份希望與期待；而是無法逃避的劫數。

喜悅與滿足，是在辛苦地工作之後才能體會得到。而不曾獲得那份喜悅的人，應及時回頭，改掉往日的惡性，為充實明日而努力。

小人閒居不爲善——大學

『大學』，是我國古代所編纂的儒教經典。這是節錄其中的一句話，大意是講小人一清閒下來，就做不出好事；也就是說，要妥善地利用閒暇時間，是一門很難的學問。

但是要充分的享受閒暇時間，還有賴於工作時的勤奮；假若工作時拖拖拉拉，到了休息時間仍無法把工作告一段落，也就等於讓閒暇時間在拖拖拉拉中流逝。要獲得閒暇時的解脫感，必須要工作時渴盡心力；如此在卸下工作之後，自然能體會到那份快樂。

但有些人在空暇時，總覺得無事可做；而這種人也就由於不懂得支配時間，徒然使一生浪費掉。

善於安排時間的人，都會對閒暇作細密的安排；當然也不能身心的休息，但是無論是休息、工作或學習，都應該積極而徹底。

妥善地利用閒暇時間，不僅可增加生活的情趣，還可提高下次工作的意願。相反地，如利用閒暇時出入於風花雪月的場所，打牌、喝酒，而影響了工作的情緒，這就違背了閒暇的意義了，這也是這句話的真正旨意。

常以沒有時間爲藉口的人，卽使有時間也不會把握——淮南子

古代儒學思想家所講的這句話，對忙碌的現代人來說，有警惕的作用。當然，淮南子這句話是以學問為主題；但也符合現代人經營之道。

「我太忙了，所以許多計畫都無法實現」。像這類的藉口，實在不足為奇，因為人類常以此種冠冕堂皇的理由，來掩飾自己的惰性。

但這些人，您只要稍用心去觀察他到底做了些什麼事，就可瞭解他的計畫是否真因沒有時間而不能實行，事實上，最大的敵人是自己。

有許多該做的事卻沒有做到，這並不是當事人能力不夠，而往往是他們抱著敷衍的態度。他們實行的意志並不强，但又不願意承認缺乏意志力，於是就拿沒有時間來搪塞。但是，當這種人空閒下來時又如何呢？是否把計畫中的一切都實現了呢？事實上並不盡然，他們仍會找出另一個拖延的藉口；使得自己似乎永遠都沒有時間，都那麼忙碌；而生命中也常有許多事沒有完成的遺憾。

個人成就的差別，乃是基於如何有效地利用時間。在相同的時間內，有些人完成不朽的作品，有些人處理了日常的雜務，有些人卻含糊渡過……

試想，以這樣不同工作態度，在十年的時間內，他們的成就將有多大的差距。所以，沒有時間只是懶人的藉口，愚人的掩飾。也就是說，時間乃因各人的利用而可長可短。

操之過急，有時反而會失去好機會——阿爾巴尼亞諺語

以我們常說的「欲速則不達」來看，「操之過急反而會失去好機會」這句話確有相當的真實性。

辦任何事情，當然是愈快愈好，但如果因此而掉以輕心，恐怕只會得到反效果。

常有人說，要實行一個偉大的計畫，急驚風比慢郎中來得容易成功。的確，沒有積極實行意志的人，是不可能獲得成功的機會。但不懂得自我檢討，細心策畫，就貿然行事的人，卻常會遭到功虧一簣的噩運。

計畫慎重，行動敏捷，是成功的先決條件。但過於急躁，或好高騖遠；卻常常忽略了身旁的機會；而徒留失之交臂的遺憾。

※假若擁有兩支箭，往往會因依賴第二支而不在乎第一支 ——兼好

『徒然草』的作者吉田兼好，是鎌倉末期到我國南北朝時代有名的詩人。他生長於神官之家；長大後擔任警衛太上皇官院中的武士；後來因主人宇多上皇去世而出家。他喜歡以佛教的無常觀，來看世局的動亂。這句名言也是基於這種觀點有感而發的。

他在隱居之前，是個胸懷熱情的人；在『徒然草』中，時常流露出武士的精神。這只是其中具有教訓意義的一句話，也貼切的道出了人性的弱點。

人不管做任何事情，只要心裏想著還有其他機會；那他就無法集中精神、全力以赴。心中一萌生馬虎的意念，自然不會有驚人的成果。

反過來說，如果這是唯一的機會，那面對著這個轉捩點似的機會；自然會產生勢在必得的勇氣與決心，而其成果也將是令人意外的。

當然，這句話並非叫人不可有失敗時的心理準備。在人生歷程中並沒有絕對的勝利；所以，第二、甚至第三支箭的準備都是必要的。這裏所要強調的是，不能因

此而忽略了第一支箭；即使有許多次的機會，仍舊要戰戰兢兢，全力以赴。

假如您能為自己準備第二支箭，而第一支能不掉以輕心，那麼您已掌握了勝利的契機。

任何一個卑微的人，都有比我優秀的地方，值得我去學習——愛默生

處在營業第一線的人，每天都會接觸到各種不同的人；假若他們能以謙虛的胸懷，來體會這些人的優點，作為改進自己的參考，那麼將會成為如何優秀的人啊！

但要做到這點並不容易，您必須有這樣的人生觀——再沒有用的人，也都擁有某些優秀的特質；值得我們去發掘與學習。

當然，那些自負、驕傲的人，是絕對辦不到這些的。

經常抱著虛心學習態度的人，不僅會豐富自己的人生閱歷，也使人人樂於親近；而有些人心高氣傲，非但不屑於向他人學習，還自奉為世人的模範；光從這點就足以斷言他不可能擁有圓滿的人際關係。

所謂「三人行，必有我師」，也就是說，別人經常都是優秀的老師；但您必須

具備發現別人的優點，及自我衡量的能力。人，沒有完美的，唯有不斷地吸取他人的經驗，來彌補自己的缺失，才能締造美滿的人生。

各位向我學的不是哲學，而是如何懂得哲學——康德

康德著有『純粹理性批判』及『實踐理性批判』等書，他生於十八世紀，建立了德國近代哲學的金字塔。晚年所寫的『永久和平論』，後來就成為國際聯盟的思想基礎。這位偉大的哲學家，憑著個人卓越的才華，由大學教授，而晉升為校長。這句話就是他第一次為學生上課時所說的話，其中蘊含著哲學的真理。

康德的意思是，不要完全承襲別人所創造的思想體系；因為同樣的思想不一定適合每一個人。問題是在於建立卓越思想體系的過程，以及它所需要的智慧。因此他說——你們不是向我學習哲學，而是學習如何獲得哲學。這位偉大的哲學家，他所留給我們這句啓示性的名言，不僅適用於哲學，也能廣泛地比喻人生中的各個層面。

對於一個成功的企業家，我們所要探討的不是他的經營的政策，而是要學習他

奮鬥的精神與態度。假若完全學習他的經營方法，也未必能像他一樣創出轟轟烈烈的事業來；個人的環境不同，知識、能力也有差異，如一味地模仿別人，可能反而扼殺了自己。

人之所以成功，最重要的原因是，他們研究出自己獨特的奮鬥方式；而您完全學習別人的方法，只能獲得別人打了折扣的成績，永遠也無法突破。

但這是否意味著，我們不能從成功者的身上窺伺到努力的方向呢？不是的。這句話它只是指引我們，用心去體會，別人付出了何種代價而獲得成功；他們又是以什麼樣的態度和精神，來鞭策自己。

以別人的經驗來啓發自己，以自己的方法來開創人生，這樣的生命才是最美好的。

頑固地堅持己見的人，只有傻瓜與死者——羅厄爾

堅持自己的信念固然重要；但改變錯誤的想法，與堅持信念，是不發生衝突。

所謂信念，就是行為根據的一種思想；而它就在無形中時刻支配自己的行為。

有些人常自以為想法非常正確，而盲目地遵守自己的原則。事實上，這種自以為是的潛意識已經有所偏差了。

這種固執已見，不願接受他人意思的人，往往都是缺乏自信而引起的心理作祟。他們覺得修正自己的意見，就好像敗給對方一樣地狼狽。也因此，他們永遠在心中作矛盾的掙扎，與無止境的逃避。

而富有自信的人，他們能坦白地接受別人的批評與意見，然後加以冷靜的分析，領悟出為人處世的道理，藉此修正自己思想上的偏差；也因此，在人生旅程中，他們無往不利。

我們不妨看看那些在做人方面失敗的例子；他們不僅無法坦然地接納別人的意見，甚且枉想對方忍受自己的頑固；他們不顧人際關係的惡化；殊不知這種自以為是的思想，是阻礙進步的最大敵人。

堅持自己的原則並非壞事，但太過於堅持己見，往往是受挫的主要原因；有了這樣的警惕與教訓，難道我們還要重蹈覆轍嗎？為了開創往後順利的人生旅程，願您我以後都不再被視為傻瓜與死人。

自己的一隻眼睛，勝過別人的一雙眼睛——波蘭諺語

意思是要我們以自己的眼睛，去確定事實真相；但它的意思也並非要我們完全不可相信別人。

即使別人無意於說謊，但他對你描述某件事情時，必定會參雜自己的想法與意見。雖然他是無心的，或者是要帮助你瞭解事實真相，但你所見所聞，卻已失真了。

當然，這種事情偶一為之也無傷大雅；但是您不尊重自己的眼睛，卻只相信別人的看法與評論；長此以後，您可能因而失去判斷的能力及個人獨特的見解。

世上沒有絕對的東西，每一件事也因個人衡量的標準，立場不同，而改變其價值；因此，善加利用您的雙眼，別人的判斷並不能代表您的思想，傳說中的真理是不可靠的。仔細地觀察，必對您的人生有所啓示。

除了依賴眼睛之外，還要善用頭腦；任何一件事都要經過判斷，是非善惡的觀念也由此而生。這點正意味著，無論處於何種時代，人間的智慧永遠主宰著一切。

賢者從愚者身上所學到的東西，是愚者從賢者身上所學到的兩倍

——康德

康德是活躍於西元前三世紀～二世紀之間的政治家。當時羅馬的政治家，大都是知識豐富的文人。尤其是康德，也說是「活到死，學到老」的典型。

當然，學習的方法不勝枚舉；但由閱讀來增加知識，是最普遍而直接之道。而細心地觀察日常中各種事物的變化，從其中汲取教訓，也未嘗不是學習的好方法。

同樣地閱讀，智者與愚者領會的程度必然不同；相對地，各種事物的變化，以及自然界的一切定理，對這兩種人所發生的啓發作用，也有差異；雖說這是天賦的差別。但我們不能否認，智慧卓越的人，細小的生活點滴，也能使他們領悟出哲理來，在人生的學習過程中，他們總是觸類旁通、舉一反三。即使是件不起眼的小東西，或者能力低於自己的人，他們仍能從其中領會出不朽的道理。

尤其是今日社會，站在營業第一線上的人，由於工作上的需要，他們幾乎都被

訓練為人際關係學的專家，而且具有敏銳的學習能力。

當然，如果一個沒有向上的意志，及學習的熱情；那即使他接觸了再多的人，或者有再高的智慧；仍舊不能有任何收穫，甚至不如一個愚者。

任何一件事物，都蘊含著一個哲理，等待著您去揣摩；而周遭的人就是現成的教材，隨時隨地為您提供最佳的教育。

擁有堅强意志的人，在經濟愈不景氣時，他愈懂得生財之道

——松下幸之助

懂得經營政策的人，賺錢自然是無話可說。但一個事業成功的人，必然會深深地體會這句話，除了精明幹練之外，還需要有堅强的意志。

通常意志不堅的人，其行為很容易受到別人的影響，而隨波逐流；也就是說，當每個人都走左邊時，他就無法堅持走右邊的意志。

這種行為，乍看之下似乎很安全，因隨時配合社會的動態，作符合常理的變化。但這種趨附流俗的作風，在社會動態穩固的情形，個人自然也不會面臨問題；然一旦局勢動盪，或社會型態改變，這種沒有自己原則的人，將無絲毫抵抗的能力。

就拿企業的經營來說，在經濟不景氣時，為何倒閉像是一種無可抗拒的瘟疫？經濟拮据固然是重要因素，但也不能否認領導者缺乏堅强的意志；於是，面對橫逆時，就缺扭轉局勢的力量。

對於社會上一些合理的現象，我們當然無須刻意去唱反調。但某些事卻不得不堅持自己的原則；因此，必須要有分辨是非的能力，要認定雖然不能成為叱咤風雲的偉大人物，也要有掌握自己意志的能力。

那些成功的人，往往都是得利於臨危不亂；在遭遇挫折時，堅定的信念往往是力量的泉源；因此，不管在任何一方面，任何環境，他們都能獨占鰲頭。

企業經營的成功，是需應用自己的心智，來突破別人經營的範疇；所以，如一味地注重別人的行動，來決定自己的方針，那也就無法創造出屬於自己的機會。

在奮鬥的過程中，有時也需參考別人的方法；但是不能因此喪失自己的信念。俗語說：「山窮水盡疑無路，柳暗花明又一村」；如在困境中仍能堅持自己的信念，往往會有意外的收穫。

換句話說，只要是正確的，問心無愧的，那麼就無須介意別人的眼光，以堅定的訓練，勇於嚐試；而使自己在不斷的歷鍊成長。

心想要成功，就一定會成功；而那些無法成功的人，乃因爲他們缺乏成功者所應具備的毅力——上杉鷹山

上杉鷹山生長於日本的江戸時代，在18世紀～19世紀之間，因治理出羽的米沢藩，而獲得名君的聲望。

當時農村的生產率很低，農民的生活也相當清苦，這由當時石高的收成率幾年來維持在一定的數量，可得到證明。

但鷹山對於這種現象，卻抱著樂觀的態度，充分地流露出事在人為的決心。自從他接管了米沢藩之後，就大力地振興農業，奬勵茶樹、漆樹的栽培，普遍的植林、養蠶；在他竭力地倡導之下，農業生產量也相對地激增。

有些人一遇到挫折，就輕言放棄，認為那是自己的能力無法辦到的；殊不知這完全是自己潛在的心理作祟。倘若仔細觀察，將會發現所謂的不能，只是搪塞的藉口罷了。須知，歷史上的偉大，並非他們都選擇平坦的道路，而是他們有將道路化為平坦的毅力。

所以，當你立上一個計畫時，只要抱著「不達目的，絕不終止」的決心，那麼

就可以充滿自信地說，天下無難事了。

按照現代的理論，可以「信念的魔術」來解釋；這也說明了人類意志力的重要，不能做到的原因，通常只沒有下定決心。假若能把握這種思想，那個人的能力也將因此而無可限量；成功與否也就僅在一念之間了。

當我們要做一件事情時，抱著姑且一試的心理去做，和以志在必得的決心去實行；必定會有兩種極端的結果，因實行的動機與魄力不同，其成果也自然迥異了。

堅强的意志力，是成功的先決條件，不要因傳說而迷失自己，能成為自己的好舵手的人，終會走上成功的彼岸。

要成就大事，必須從小處著手——二宮尊德

通常我們要做一件大事，都會事先訂立周詳的計畫；但卻常常忽略了小地方；這是人性的通病，也常常是導致失敗的原因。

任何計畫的完成，都需要按步就班；許多細節看似無關緊要，卻往往是關鍵所在。

許多事業成功的人，應該都能體會「江海之滙於百川」的道理。就擧日本的企業經營為例，一部上場公司，從事的是清潔劑的製造，與糖菓的生產；他們所生產的商品價格，都是孩子的零用錢就足以購買的；因此，可想而知他們所獲利潤之微薄。

但是，他們的販賣網遍布全國，所生產的數量幾千幾百萬，由於薄利多銷，所以，其利潤就大到足以供給數千名業務員的薪資。

由這個例子，更幫助我們瞭解「積少成多」的意義。

有許多倒閉的公司，探討其失敗的原因，常是只看重巨額的交易，而忽略了小額的交易；而那些傾家蕩產的人，也總是因平日不注意小地方，任意揮霍浪費，終於走上悲慘的命運。

而這「因小失大」的道理，與「積少成多」所蘊含的意義，有異曲同工之妙。

要知道成功不是一蹴可幾的，羅馬也不是一天造成的；要建立起偉大的建築物，紮穩底基是最重要的工作；而一個專輯，往往是蒐集許多零碎資訊片段而成；如此具有真理的訓示，能不經常以它來警惕自己嗎？

如果要我選擇不願放棄的財富，我一定會選擇說話的能力；因爲我擁有了這項財富，才能以它贏回所有的財富

——丹尼爾・韋伯斯特

丹尼爾・韋伯斯特，是活躍於十九世紀的美國政治家，也可說是個雄辯家。由於他具有辯論的天才，三十四歲時就開業當律師，四十一歲擔任衆議院議員，後來又晉升為國務院的長官。他雄辯無礙的英姿風靡全美；被一致認為是最具有演說天才的政治家。

就因為他是這樣的人，所以，無怪乎他要把說話的能力，視為生命中最大的財富。

一般人都不太注意這方面能力的訓練，而認為只要能把意思傳達給對方也就夠了；但這件理所當然的事，並非每個人都可以做到。

有些人說話辭不達意，常費盡唇舌，對方仍無法瞭解自己的心意；而意見無法溝通，往往是人類聯絡感情的最大障礙；有時也會成為人生旅途中的絆脚石。

就拿一個領導者來說，當他面對衆多的部屬時，卽使他有卓越的才幹，但卻缺乏表達的能力，那麼也就只有使諸多的才能蘊於內，而無法形於外；而屬下表面雖然唯命是從，卻無法心悅誠服；試想，居於如此的領導地位能夠穩固長久嗎？由此可知說服力的重要。

不管是商議，或辯論一件事時，假若說話技巧不高明，既無法表達自己的意思，又得罪了對方；那當然一開始就要被排斥了。

仔細回顧，自己是否經常遇到這種情形；相信現在您已領悟了以往失敗的原因了，過去忽略這方面的人，應知道如何及時彌補缺點了。對這句名言多加三思，可能會因此改變您的一生。

當然，口才也並不是與生俱來的，必須依賴不斷的訓練與學習，尤其要有淵博的知識與坦然的胸懷為基礎。

要有承認自己膽小的勇氣——松尾靜磨

這位日本人所經營的航空公司，因本著「安全第一」的航運宗旨，而經營到現在，歷久不衰。由這句話可瞭解他的經營原則與方針。

但所謂膽小，並非指畏首畏尾，而是謹慎負責的行為。當然，這句話也不只是針對駕駛員；它足以用來警惕在會上的一般人。

通常「膽小是可恥的」，這種觀念很强烈地存在人們的潛意識中；行事畏畏縮縮，缺乏魄力的人的確成不了大器，但凡事謹慎提防，深謀遠慮，這樣的細心卻是每個人都應該具備的。

步步為營的心理，是基於潛意識中一種保護自己的警報裝置；而這種警報裝置特別敏銳的人，往往是個反應絕佳、行為謹慎的人；只要適可而止，這種行為往往是促使自己成功的有利武器；因此，承認自己膽小不僅是難得的勇氣，也是一項美德。

一般人認為可恥的，應該不是這種警報裝置的敏銳，而是在接獲警報後的倉惶狼狽，缺乏冷靜的處理態度。

因此，謹慎或膽小的本身絕不可恥，可恥的是行動上的畏縮與裹足不前。

假若沒有這種觀念，只一時想表現自己的勇氣；而遇事衝動冒失，從不周詳考慮的人，充其量只能算是個有强烈表現慾望的人，絲毫談不上勇氣。

所以，即使別人因您的謹慎行為，而指責您是膽小鬼，也不需因此頹廢沮喪；好好掌握潛意識中的警報裝置，隨時做出最好的配合行動；而按步就班，穩紮穩打，這才是所謂的勇氣。

常自認凡事都懂的人，是爲眞正的不懂；以不懂自居的人，那麼他也就懂了——運如

運如生於日本的室町時代，是十五世淨土真宗的中興之祖；可說是一位名僧，是親鸞十世之孫。在他八十四年的生涯中，始終以統一本願寺教團為職志，也因此鞏固了他個人的地位。

運如能夠以微薄的力量，將淨土真宗如此地擴展，最主要是得力於這些蘊含真理的名言；他以淺顯易懂的話來教育眾生，都是一般庶民能夠理解的道理，而這些教誨名言，後來就成為「御文」，直到現在仍為人們所傳誦。

這句話乃節錄於其中的一小段，以宗教的觀點來說明人們內心的姿態；這句令人深思的禪語，可用來啓發人類向上的意志。

人假若抱著這件事或這個道理，我早就瞭解了，自然就會掉以輕心，更不用說會有學習的慾望與熱情；而這種自滿的態度將阻礙自己的進步，不管是學識或技術都會遭到封殺；也就是，一旦有了這種想法，就好比把自己的人生，帶引到一個盡頭，雖然沒有結果，卻永遠無法突破；試想，這樣的生命，豈不是什麼都不會懂了

嗎？

相反地，時常以不懂自居的人；因為他們虛懷若谷，總認為自己不瞭解的太多了；於是不斷地鞭策自己，努力學習，也就在鑽營研究中，不斷地進步，領悟了更多新的道理與啓示。

因此，不要以現狀為滿足，學問與知識是沒有止境的，約束自己進步的人，往往在不知不覺中走上被社會淘汰的噩運。也就是說，自己需不斷地發現問題，提出問題及研究問題；這不僅是向上的原動力，也是啓發人類進步的方法。

相信自己才能的自信，是人生旅途中最有利的武器——卡內基

反正我們是個無用的人，再怎麼努力也是白搭……假若潛意識裏就有這種念頭，以致平常的行為都提不起勁來，那才真會使自己變成沒有用的人呢！

人的意志是非常微妙的，總是在無形中使自己的行為，和想像中的一切相吻合。

當然，假若一個平庸的人，拍著胸膛誇讚自己的能幹，那別人也將會以滑稽的眼光來看他。像這種無視於自己缺點的人，同樣與進步無緣。

但是，每個人都應對自己作客觀的評價，冷靜地分析；不僅衡量自己的能力，更要相信自己的能力，而面對自己的缺點作適當的彌補；在建立了信心之後，將會感到自己的行為都很踏實。

無論做什麼事情，有無自信是一個人能否發揮全力的關鍵。也就是說，面對著某件超出能力範圍的事情，但卻不因此輕言放棄，仍舊充滿信心而全力以赴；那所得的成果也將是令人意外的。

除了自信之外，還要有責任感的驅使，卽抱著「我不入地獄，誰入地獄的胸襟」；而如此愈處於逆境中，愈產生不屈不撓的鬥志，並且時常激勵自己——勇敢堅强的人，豈可輕易被擊敗。

自信心與責任感使得人類的行為敏捷俐落，樂觀進取；人類之所以有才與不才的差別，就是源於這種自覺意識的發揮。

但是，肯定自己能力的這份自信，也並非每個人都能擁有；首先，必須要充實自己，多方面的學習與體驗，來使自己擁有這份資格。

所謂優秀的人，乃是指具有正確敏銳的判斷力——愛默生

掌握人們行為的方向，就是所謂的判斷力。而它就像輪船上的指南針，隨時測定航向。

假若我們能經常回顧，時時反省自己的行為，那就不至於迷失方向。

當然船的駕駛也是相同的道理；若平時不注意航向，一旦發現遠離了航線，而突然扭轉方向盤，勢必會使船上的乘客措手不及，而發生危險。

當一天結束時，冷靜地檢討自己的所作所為；將會發現某些遺憾，是因判斷錯誤而處理失當；但一次的失誤卻可作為訓練自己反應的教訓。

沒有人能對任何事情，加以完全正確的判斷；但重要的是，以冷靜的態度，來思索自己的判斷是否正確；然後從中修正訓練自己的判斷能力。

凡事未曾考慮就採取行動的人，看似勇氣可佳，其實他們可說是喪失了判斷能力。

偉大的事蹟是從小事著手的；而面對任何小事，仍不改謹慎的態度，作精確判斷的人，才足以稱為優秀；也是人生的勝利者。

與人比較，別人比自己優秀並不可恥；
但跟去年的自己比較沒有進步，才眞是可恥——拉布克

人在每日重複的行事中，自然地進步；雖然是無形的，但點滴地累積下來，經過一年將有龐大的收穫，所以，今年比去年更好，明年又優於今年，這是必然的道理；否則的話，也就失去了生活的意義。

假若拿現在的自己與過去比較，卻絲毫不見進步，等於是自動放棄人類的特權，而使自己停頓在某個階段，這的確可恥。

就拿學校的教育來說，回顧中年級時定比低年級懂事，而高年級時勢必又比中年級成熟，每經過一個階段的學習，必然會對內在有所改變，而人就在不斷的歷鍊中成長。因此說，沒有隨著年紀的增長而進步，就枉為萬物之靈了。

一定有人會說，這樣的進步情形，是在孩童的發育階段；而大人到了某種程度，就無法繼續成長。但這種說法用來比喻肉體還算得體，拿它來形容意識的成長，未免可笑；因肉體上的機能發育有某種標準；而精神方面的成長，卻因各人的努力永無止境。

在這個競爭劇烈的社會中，假若心存馬虎的態度，也就等於放棄了向人生挑戰的權利。所以，比別人的能力差，不需感到可恥；但若和去年的自己比較，沒有進步，那就需要反省了。

面臨著一件不知能否做到的事，應該抱著可以做到的信心，盡力而為——三宅雪嶺

三宅雪嶺生於萬延元年，死於西元一九七五年；享年八十五歲，是日本有名的言論家。

他以國粹主義為立場，建立了在野黨的勢力，對於專擅的政府，及投機的資本家，加以嚴厲的斥責。這句話已將他凡事都不屈服的精神，表現得淋漓盡致。

「我沒有把握做到」，這種還沒做就已灰心的現象，是一般人的通病；他們總因怕做不到，而沒有嚐試的勇氣。或者以「不做沒有把握的事」，來掩飾自己的畏縮；但不知是否做得到，或沒有成功的把握，畢竟都只是逃避責任的藉口。

不知是否做得到，這意味著懷疑自己的能力；為何不以實際行動來證實絕對做得到呢！

而要肯定能力，變不可能為可能，除了加倍努力之外，別無他法。但假若在緊要的關頭，卻對自己失去信心，那就無法將能力百分之百的發揮，而功虧於一簣。

相反地，抱著絕對可行的信心，將自己處在一種「自我催眠」的狀態下，這時

堅定的信念會產生一股無可抗拒的力量；也因此肯定自己，更說明了堅强意志的偉大力量。

假若抱著滿懷的信心，盡力而為，但卻失敗了；那麼更無須難過，因為雖敗猶榮，而奮鬥的過程中所獲得的體驗，足以為再次的啓航，提供最正確的方針。

假若因介意失敗，任何事情都不敢嚐試，那又如何能嚐到肯定自己時的甜美滋味呢！

有人說——困難而不會成功的事，一開始就別去嚐試；但這是錯誤的。因爲人唯有在挫折中，才能產生新的力量——約翰·瓦那梅卡

約翰·瓦那梅卡是美國實業界有名的人物。也是19世紀～20世紀間，美國少數經營百貨公司成功的業者之一。他從小就在一家書店中當店員，到了二十三歲時，獨資開設一家男子服飾店，三十一歲時已發展為瓦那梅卡商館，而成為有名的大商人，由此可以想像其商業才能之高。

他的成功，據說該歸功於他對廣告有獨特的見解。同時由他所留下的這句名言，他的拓荒精神與堅强的鬥志，都是他成功的最大力量。

的確，人類潛意識中本有趨安避難的天性；但卻沒有任何人能擁有絕對平坦的人生旅程；也就是說，挫折本是無法避免的，假若一味地逃避困難，只有使自己永遠面臨著一連串無法克服的困難。

人往往因怕困難而裹足不前；或者因多一事不如少一事的想法，使自己不敢輕易跨出脚步；殊不知不把握發揮能力的機會，卽使有著得天獨厚的才華；也只有任憑它在安逸的環境中，點滴地被抹殺。

勇於實踐的人，在橫逆當中會更激起克服的勇氣；愈遇到困難時，愈能把自己的力量發揮到極限，甚至超出本能的力量。

不要因害怕而自我逃避；本著不屈不撓的毅力，使自己在鍛鍊中求取進步。

要得分，必須踏實地踩過一壘、二壘、三壘……；卽要到達目的地，必須經歷各個階段的磨練——貝比·魯斯

不要認為這是句多餘的廢話；的確，這種道理誰不知道呢？但卻有很多人忽略了它；就拿棒球選手來說吧！常有人因求好心切，一棒揮出去，就把目標放在本壘；有時因球勁不夠，中途就遭封殺；有的卻因忽略了一壘、二壘的壘包而被判無效；試想，這些受過訓練的選手們不懂其中的道理嗎？這只不過是一時的疏忽。

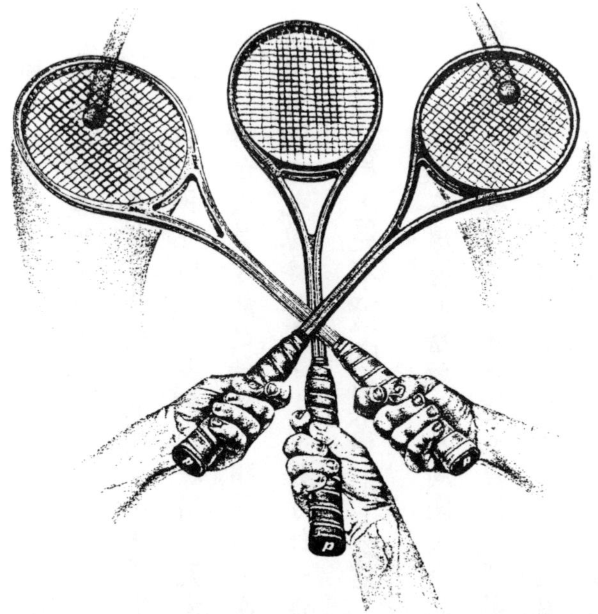

當我們定立一個目標時，必須去體驗其中過程的艱辛；假若只一味夢想早日達到目標，卻忽略了中間的路程，而未付出相對的努力，那麼何來成功之有？

我們常常羨慕別人的豐功偉業，而自怨自艾於自己的無能；但我們看到的都只是甜美的果實，是否曾去想像他們奮鬥的歷程；而旁觀者總以為他的成就，是上天的恩賜，殊不知他們的成功，乃從無數的挫折中建立起來；而他們走在人生中的脚步，是如何踏實與穩重。

說這句話的貝比．魯斯，自西元一九一四年參加職業棒球賽後，屢創佳績，是個優秀的打擊者。而要創下這些輝煌的記錄，並非只靠球場上的奔馳；他在日常生活中就為自己作龐大的投資；而由他對自己的這些約束與訓練，都可窺伺出其卓越的耐心。例如他為了保護打擊者視為生命的眼睛，不看電影，坐車也絕對禁止看書；跳舞時怕傷害到脚，連與人握手也小心翼翼；他又特別重視自己的體能訓練，每天有固定的運動，從不間斷。

天生就具備了特殊才能的人，為了完成偉大的記錄，仍舊要在日常生活中花費如此大的心神。所以，我們可瞭解，天才也是需要發掘的；不去啓發他的話，那也就無法顯示出其才能的特殊。相同的，在奮鬥的過程，若忽略了一個小節，將使得全盤皆輸；也像棒球賽，若漏掉了任一個壘包，還能得分嗎？

見賢思齊，見不賢內自省——孔子

人必須在環境的磨練，及周圍人際的砥礪之下才會進步。光是一個人在那兒顧影自憐，孤芳自賞，是永遠也無法進步的。

但是，我們旣可能由社會中吸取善良的一面；相同地，這個大染缸般的社會，也可能使您受到污染；這個時候就必須依賴個人的判斷與抉擇了。

看到別人比自己更優秀時，若只因一時的好强；而心想——有什麼了不起，我又不輸他；那麼不僅無法冷靜地學習別人的優點，反而在妒火中迷失了自己。而看到別人做錯事時，就譏笑著——天底下那有這樣的傻瓜？這種舉動不僅自己得不到好處，並且殘酷地傷害到別人。但有多少人會注意到這些地方呢？讚賞別人的優點，一向是進步的原動力；而嘲笑他人之前，假若能先反省自己一下，或許將會因此而改進自己的過失，而其中的獲益，是無可衡量；這也就是孔子說這句話的用意。

在和他人交往的過程中，想鞭策自己成長和進步；就必須仰賴這份謙虛的胸懷。

要獲得知識的第一步，須先以無知自居——愛爾馬・霍依拉

自認為無事不通，或比別人略高一籌的人；您無須期待他的進步。

既生而為人，就需以不斷的學習，來配合時代潮流；常認為自己懂得太少，這是鞭策我們進步的動力。所以，假若為掩飾學問的淺薄，而佯裝凡事都懂的話，只會永遠陷自己於懞懞懂懂的困境中。

當然，在實際生活中，有時也需擺出一副很懂事的模樣，來做人際關係的應對；但在採取這種姿態時，仍不忘以學習來使表裏一致。

但要以無知自居，或承認自己的缺點；並非想像中的容易，每個人都不願自己的缺點為人所知；但倘若一味的掩飾，卻不知改進學習；不僅無法增進知識，而且只有永遠痛苦的欺人自欺。

需要學習的太多了！可能有人會漫無目標地說，我該從何處著手呢？其實在日常生活中，只要細心觀察他人的舉動，或揣摩前人的言行，都能帶給我們很大的啓發。但是能否在學習中進步，就要視個人有否虛懷若谷的修養。

如平常能勇於面對自己的缺點，並且督促自己往該方面多加充實，假以時日，他已不須掩飾，而那方面的缺點已被學習所治癒。這與那些不事學習，卻一味掩飾缺點的人，在日後的成就，自然會有很大的差別。

所以，人進步快慢的差別，並不在於天賦的高低；主要關鍵是，能否自覺自己的無知。

第二章　失敗時

失敗爲成功之母——愛默生

從十九～二十世紀之間，發明了白熱電燈、收音機、發電機等，超過一千三百種的發明大王愛迪生，在孩童時代，曾被視為低能兒。

而他本人也因世人認為他生來就是個天才，所以，從事發明不僅是理所當然，且應該是輕而易舉的事而感到不滿。於是，他這麼說：「天才是百分之二的靈感，加上百分之九十八的血汗。」

他奮鬥的過程，就像這句話，雖然屢經挫折，但失敗卻成為日後成功的契機。也就是說，遭遇挫敗時，他並不是以自暴自棄來逃避，而是細心地探討其中的原因，重複試驗，由思考中啓發靈感。

世上沒有常勝的軍隊，當然也沒有任何人能永不遭遇失敗；但失敗後的處理方法，才真是人生旅程的關鍵。

一遇失敗就灰心喪志，一蹶不振；那這個失敗將成為一輩子的致命傷。

相反地，跌倒了再爬起來，探討失敗的原因，作為不再重蹈覆轍的警惕，那將會自然領悟克服困難的方法。

人是在嚐試中獲得經驗；在錯誤中求取教訓，在學習中期待進步；在失敗中尋找成功的啓示。

愈經歷寒冷的痛苦，愈能感受陽光的溫暖；嚐過人生苦惱的煎熬，才能體會生命的可貴 ——惠特曼

惠特曼是十九世紀的美國詩人；著有『草之葉』等有名的詩集。他的父親是位木匠，所以，惠特曼幼年時，一面上學，一面帮忙家庭副業，後來因退學，就專心從事印刷工作、編輯；終於成為一個名詩人。

這位詩人，他的才華一直到近四十歲時，才受到世人的肯定。而他在早年的歲月中，所遍嚐的人間辛酸，都成為他歌頌人生的題材，流露在他的詩集中。

的確，人假若一直生活在溫暖的氣候中，就會忘卻陽光的可貴；相同的情形，不曾經歷人生的苦惱，及病痛的摧殘，也體會不出生命的可貴。

假如能堅定這種想法，那寒冷中的顫抖，及困境中的掙扎；就能以樂觀的心情，將它們視為成長過程中不可或缺的考驗。

不喜歡生長在嚴寒的環境中，不願意接受苦惱的折磨；這些都是人類的天性。但處在這惡劣的環境下，自然會產生克服的毅力，這就是突破及發展的原動力。

我們不妨觀察古代人類的文化發展；不難發現寒冷地帶，或險惡的環境，總是比氣候溫暖、生活安逸的地方，來得輝煌，令人感動。

由此可以瞭解這句話的真正意義，而它也正象徵著——「不經一番寒澈骨，那得梅花撲鼻香」。

在面臨煩惱及痛苦時，唯有不輕易地被擊倒，再接再厲，那麼堅定的信念，會自然產生一股偉大的力量；而在勝利成功之時，也會加倍地感受成就的喜悅。

天才必須具備堅强的耐力——托爾斯泰

著有『戰爭與和平』、『安娜．卡蕾利娜』等書的托爾斯泰，是足以代表十九世紀俄國文學的巨匠。但他的私生活並不美滿，尤其是在快結束生命的八十二歲時，還離家出走，死於他鄉。

三十四歲時，和一個比自己年輕十六歲的女孩結婚；當他陷入情網時，由衷地說：「婚姻生活的幸福吞噬了我」。但晚年卻與這位夫人感情不睦。關於他的離家出走，據說也是為逃避這種婚姻關係。

他所謂的忍耐力，當然是指作家創作過程的艱辛；但是在平時的生活中，需要靠堅强的耐力來克服的事情，實在太多了。

一般人總誤會天才這個名詞；而主觀地斷言，任何事情對天才而言都是輕而易舉，卻忽略別人背後隱藏的艱辛；或者自恃天賦頗高，已不需再做任何努力，而徒然期待成功像奇蹟般地來到面前。

卽使您確有某方面的特殊天才，倘無堅强的意志，來忍耐奮鬥過程中的煎熬；那也只有任那份天賦胎死腹中。

而確定了天賦是需要發掘的想法之後，自忖才能平庸的人，就需要有更大的忍耐力，花費更多的精力，才能使成就與他人並駕齊驅。

以卓越的耐力來克服困境，突破逆境，繼而提升自己；雖說是天才，但其追求成功的方法與過程，還是和所有的凡人一樣的；就天才需具備堅强的耐力這句話，也可說具有堅强的忍耐力，才是真正的天才。

被同一塊石頭絆倒兩次，是人生中最大的恥辱——西塞羅

西塞羅生於西元前一世紀，被公認為當時羅馬最善於辯論的政治家。

任何人都可能遭遇失敗，也都有避免失敗的本能。失敗的本身並不可恥，但假若重複著相同的失敗，將被視為最大的失敗。

通常遭遇失敗，在悲傷失望之餘，必定會回顧檢討致敗的原因，記取刻骨銘心的教訓，絕不容許自己重蹈覆轍。

假若一個人曾兩次、甚至三次，都為相同的原因而失敗，那麼也就表示他不曾為自己的失敗反省過，更甭說隨時以前車之鑑來警惕自己了；這種人不僅不值得同情，也將永為世人所唾棄。

第一次失敗時，若能虛心地檢討錯在那裏，加以適當的矯正；那麼一次失敗的經驗，將成為人生中可貴的教訓；而以失敗的損失，來當做學費，也顯得相當划算。

但如果失敗了卻毫不在意，一次兩次，仍舊不改原來的魯莽與衝動，也不曾用心體會其中的教訓，那麼失敗將會成為生命中無法割捨的毒瘤。

個人的成就之所以會有懸殊的差異，最主要的就在於能否吸取失敗的教訓。

推銷員之所以失敗，乃因無法突破心理的障礙——貝特曼

推銷工作的成敗，與推銷員的心理狀態有密切的關係。任何工作的成績，雖然都免不了受心理作用的影響；但就人際關係方面為主所進行的交易，則以推銷員最具代表性。

這句話是就實際的情形，來鼓舞站在營業第一線的人，應隨時保持高昂的情緒。

說起推銷這份工作，確實需本著鬥志向人生挑戰。假若您的工作進行一半，卻因對方的不屑，而失去堅持到底的勇氣，也就等於承認自己失敗了。

若能不先在潛意識中，承認自己打了敗仗，再接再厲，試圖扭轉局勢；那麼一切勝負未定，誰也不敢說您失敗；因為這次對方雖仍無法接受您推薦的商品，但起碼這份商品的利益，他已大略瞭解了。

雖說這是一份辛苦的工作，但它可以訓練耐心與毅力；除非自己先失去信心；

或打退堂鼓；否則這是一份永遠都充滿著挑戰性的工作，只要您仍舊擁有鬥志，只要您不承認失敗，您就有永遠奮鬥下去的權利；所以，這可說是一份值得嚐試的工作，尤其是初接觸到社會的年輕人，更需要這種歷練來使自己成長。

但在從事這份工作之前，定要記取這個原則，穩定地掌握對方的心理，而控制自己的心理；乃是制勝的先機。

眞正的成功者，外表看似憨直，其實精明幹練——那特克衛

那特克衛生於西元十八世紀，是法國的法律學者；他所著的『法的精神』，曾是當時歐洲的熱門話題。據說法國大革命也深受其影響。今日三權分立的政策，也承襲了那特克衛的思想；由此可知，那氏對於現代政治中法律體系的確立，貢獻很大。

他出生於貴族之家，二十五歲時就擔任了波多高等法院的法官；三十一歲時加入法國學術研究會。他雖然成長於幸福安逸的環境中，但他並不是一個只懂得鑽營學問的法律學者；對有關人類社會的問題，他特別具有敏銳的觀察力。

因此，他對社會上的一切動態，有著強烈的好奇心；而他的許多法律觀點與主張，都是根據實際人生的體驗，所得的靈感。

最後他綜合了觀察人類動態的心得，而說了「真正的成功者，他們外表的憨直，其實幹練得很……」。

在這社會上，許多事業有成的人，都是「大智若愚」的典型。

他們尚未綻放出耀眼的光芒時，可能被指責為白痴或傻子；因為他們的行徑與人不同，他們不盲目地跟隨流俗；他們具備有獨創的勇氣，敢於向世俗挑戰；也因此，他們在奮鬥的過程中，不僅要忍受身心的煎熬，還得接受世人異樣的眼光。

但在任勞任怨之後，終會以自己獨特的方式，開闢出璀燦的人生道路；而後他們的行徑將受到世人的肯定與崇仰；這種道理，是微妙而難以詮釋的。

當他正在為成功付出代價時；世人都以一般的社會標準來衡量他，甚至對他異乎常人的作為，提出無情的抨擊。試想，有誰能忍受別人當他是瘋子、傻瓜而無動於衷呢?有誰在這樣的處境下，仍能把持自己的原則，貫徹始終呢?這大概就是成功者之所以成功的道理吧!

被視為傻子，的確不是滋味；但假若因此而放棄目標，雖然一時為世人所苟同，卻難逃良心終生的譴責；所以，要熬過這個階段，不但需要絕對的勇氣，還要具有大智若愚的胸懷。

世上雖有不幸，但克服不幸而從其中創造美好人生的，這就是賢人。發揮個人的力量，改造上天賦予的命運；才是生命中最要緊的。

——武者小路實篤

武者小路實篤是位名作家，後來也因創設了「新村」而聞名。居住在這個「新村」的人，他們共同生活、工作；同時也為實現人類愛的理想而努力。

武氏於一九一八年在九州創此新村；這在當時可說是個新潮的構想，大膽的嘗試，他以一個作家的身分，能有這種實踐的魄力，實屬難能可貴。

簡單地說明武者小路實篤文章的特色，卽以闡述生命的尊貴為主。他尊重人生的權利，認為每一個生命都孕育著一個偉大的任務；個人只要盡量施展能力，自能獲得理想中的一切，而受到世人的肯定。

以這個觀點來看世界；那麼儘管世間有無法避免的不幸，卻沒有彌補不了的遺憾；由不幸中創造出來的幸福，更覺芬芳甜美。

當然，任何人都不願蒙受不幸，假若可能的話，誰不會躲避呢？但這世界上，完全沒有經歷不幸的人太少了；而沒有一點波折的人生，反令人感到不真實。

既然每個人都無法避免不幸的經歷，為何人生際遇仍有很大的懸殊呢？這差別就源於衡量不幸遭遇的眼光，體驗的心情，以及處理的方法。

如遭遇不幸時，只會滿腹辛酸、怨天尤人；那麼他將永遠也無法從不幸的刧數中，解脫出來。

相對地，雖然無法逃避這份不幸，但以樂觀的心情去面對，使自己的潛意識超越困境；那麼這份不幸非但不會是束縛自己的絆繩，反而是激勵自己的武器。看世上有許多殘而不廢的實例，他們摒棄了外在的不幸，為內在從事踏實的耕耘，終於證明自己是不為任何不幸所羈絆的。

有些人將一切的不幸，歸之於命運，而終日怨嘆，終把自己鎖在愁雲慘霧中，一生不得超脫。所以，生命中最要緊的事，是如何突破困境，改造命運；人生中的幸與不幸，原是掌握在自己手中的啊！

偉人所到達的顚峯，並非一蹴可幾；他們是在別人休息時仍刻苦耐勞，一點一滴累積下來的成果——羅勃特·克勞辛

世上的成功者，往往因他們成功時的耀眼燦爛，而使一般人忽略了他背後的艱辛，甚至誤以為他們的榮耀是輕易得來的。

在讚賞別人成功之際，您不難聽到這樣的評論：「那個人相當聰明」，或「他運氣真好」。

真的只是這樣嗎？聰明加上運氣就能成功嗎？這種説法對那些嘔心瀝血的奮鬥者而言，豈不是太不公平了？

許多人只羨慕別人的成功，卻以自己才能不夠，或運氣欠佳，來解釋自己的裹足不前；這種安慰自己，欺騙別人的藉口，只會徒然誤了一生。

其實，那些別人眼中的天才，他們是在別人休息時，仍本著刻苦耐勞的意志，一點一滴地累積堆砌，才抵達成功的彼岸。也因此，他人無法瞭解其為成功所付出的代價。甚至以為那是上天的恩典。

羅勃特·克勞辛生於十九世紀，是英國維多利亞時代的代表詩人。年二十一歲

就發表了詩集。受到世人普遍的推崇；他是個名副其實，利用睡眠時間而刻苦成功的例子。特別是與大他六歲的女詩人，伊利沙白・芭蕾特的一段戀情，不顧雙親的反對，而與她結婚。帶著體弱多病的妻子，到義大利謀生。雖然生活很苦，但他毫不理會世俗的眼光，始終忠於自己的感情，而此也可看出他堅强的性格之一斑。

當然，這位大詩人確實具有頗高的天份；但倘若不加以琢磨的話，又如何能使才能發出光彩，而得到大詩人之頭銜呢？

「雖然才能平庸，但只要努力工作，仍比不努力的天才更加有為」。這句話並不是沒有道理的。

不要輕視自己的才能，人既為萬物之靈，就絕對有可取之處，雖然自己不是天才，不能成為愛迪生或牛頓。但以加倍的努力，彌補先天的不足，終有成功的一天。

幸福的環境使身體健康；

但鼓舞精神向上的，不是幸福，而是悲傷——蒲魯斯特

長篇小說『尋找失去的時間』的作者蒲魯斯特，出生於動亂中的巴黎；大概受

到亂世的影響，幼年的身體狀況一直不太好。

「幸福的環境使身體健康」，這句話中一個少年時備受病痛所苦的人所說，可以想像他是如何的有感而發。但幸福雖使人健康，但在安逸的環境中，卻無法激勵精神的進步。也就是說，高昂的鬥志，並不是因幸福感而產生，而是悲傷所激起。

這句話除了應用於藝術境界之外，也可普遍在一般人的身上，得到印證。

自古以來，未曾聽說生活安逸的人，成就過任何大事。因為人只要感受到幸福，就只會有延續幸福的意願，自然沒有突破進取的鬥志。

相反地，陷於悲傷中的人，會想辦法脫離困境，於是潛意識中會因悲傷的刺激，更加奮發。

許多成功的企業家，都是在窮困的環境中長大的。而那些經濟情況優裕的花花公子，卻無法獨創一番事業，大概就是這種道理吧！

如能抱著這種想法，那麼短暫的哀傷與逆境，都只是人生中啓發的力量，但要隨時提醒自己的是，不能被哀傷所擊敗。

為了克服哀傷，人類的潛意識會自然地產生一股力量；為了脫離困境，不得不鞭策自己，提起飛越逆境的勇氣。

當然，那些只會鎮日悲哀、怨嘆命運的人；自然無法體會這句話的價值。

治療悲傷的最佳方法，就是不斷地忙碌──GH・路易斯

控制情緒是件很難的事情；但倘能自在地掌握自己的感情，那行動將更能產生效率。

而人類的感情中，最難以控制的，就是情緒的感傷；假若一個人失去了理智，無度地陷於自怨自艾中，任憑痛苦吞噬了自己，那只有使自己永遠陷於不幸之中。當然，既生而為人，孰能無情；冷酷無情的人，通常不會有成功的人際關係；但妥善地管理感情，才不算辜負人間的至性──情。

傷心時，就盡情傾洩心中的悲戚，這也是證明自己感情的一種方法。然而假若一時沉溺於哀傷之中，而迷失了原本堅强的鬥志，那將使日後應對人生的能力，變得遲鈍而呆滯。也可能因此帶來一連串的挫折；所以，悲傷也需適可而止，才是明智之舉。

那到底應該如何掌握情感呢？要以如何的心情去面對不幸呢？為了突破沉悶的環境，為了開拓光明的人生；應懷拘樂觀的心情，對任何事情都投以熱烈的態度、

專心的學習；這是最佳的精神治療法。

以工作來沖淡悲哀的情緒，或從事正當娛樂，來擴大生活領域；這些都不失為平復情緒的良藥。須知，唯有平靜的心情，才能再為下次的衝刺作萬全的準備。

挫折與創傷，都是人生中的插曲；它們是用來襯托幸福的光彩與快樂；不幸並不可怕，可怕的是人們處理方法的不當。

懂得控制感情的人，儘管面臨遍野的荊棘，也不會因創傷而退縮。

但遭遇挫折後，要使情緒集中並不容易；而專心地致力於某件事，固然可治療心靈的創傷；而這股力量的產生，有賴於平時的訓練。

有過不改，是爲過也——孔子

這是「論語」中的一句話，與「知過能改，善莫大焉」的意義是相同的。

人非聖賢，孰能無過？也因為人有缺點，才能將人性真實的一面，淋漓盡致地流露。假若因害怕犯錯，而任何事都不敢放手去做；那麼受到限制的行動，將猶如被繩索綁住了雙手，還能有所作為嗎？

重要的是知過能改；儘管這個道理人盡知曉，卻少有人能做到。而是否接受別人的勸導，及時修正自己行為上的偏差，往往是成功與否的關鍵。

犯過並不羞恥，及早發現過失，加以修正，才是塑造完美人格的第一步。假如只因顧全面子，明知錯了，卻仍頑固地我行我素，那最後勢必連一點可憐的自尊也無法維護，更無需談到面子了。

為了避免自己重蹈覆轍這種不幸的命運，應經常抱著學習的熱情，及接受他人勸誡的雅量。而且要有貫徹「不二過」的精神。

堅持自己的信念是可喜的，但因錯誤而適度地修正原則，更是值得喝采的勇氣；本著能屈能伸的個性，使自己更加符合現代社會的要求。

絕望，是愚者的結論——狄斯累利

十九世紀的英國首相，縱橫在歐洲複雜的外交關係中，遍臨苦境的狄斯累利，雖經歷過無數挫折，卻從未絕望過；始終以堅强的耐力，打開僵局。

的確，若面臨問題時，挑戰尚未開始，就已感到絕望；那也就等於一切都已結束了。如何期待新局面的開始呢？

儘管已面臨無可挽回的困境，仍須以「盡人事，聽天命」的態度，盡力而為。

因只要挑戰的意志還存在，就仍存有一線扭轉頹勢的希望。也就是本著「凡事不到最後，絕不輕言放棄」的精神，貫徹到底。

人一旦喪失了鬥志，逃避之心將油然而生；更不用說什麼堅持到底，貫徹始終了；而只急著為自己的放棄，找出搪塞的藉口。

但有一點諸位是否想過，人為何絕望？為何退縮？這一切都源於當事者的惰性。

若因心生絕望之念頭，而使某件進行到一半的計畫停頓下來，不如盡力而為，拋開一切顧慮；卽使失敗了，也能從中找尋改正的方法，而使再次的衝刺更能收到效果，相信沒有人不懂這個道理。

未經過一番挑戰、奮鬥，就輕易低頭、放棄的人，也只有無可奈何地被視為愚者。

為了避免在人生旅途中，也走上愚者的命運；所以在平時就須鍛鍊堅强的意志，因精力充沛、意志堅强的人，足以抗拒精神的腐蝕。

從事推銷工作的人，需要比一般人更具挑戰精神；同時不斷警惕自己，「絕望是愚者的結論」，以此座右銘來突破工作的一切障礙。

運用賺十萬塊錢的經驗，不見得能賺一億元；但損失一百萬元的經驗，卻能獲得賺十億元的啓示——原安三郎

這位商業界的前輩，是一九六五年，日本化學藥廠的廠長。他被認為是商業界振衰起敝的名者；也就是說，他對於公司失敗的原因，有敏銳的觀察力；並且在找出失敗的癥結之後，配合當時的環境與背景，創建出比原來的業績更為優良的公司。

一般人在自己賺了十萬塊錢，欣喜之餘，一定會認為以同樣的方法，必可獲得更大的利益；而在心裏立下了一幅財源滾滾而來的藍圖。假若因此而依樣畫葫蘆，企盼十萬、二十、一百萬如無限級數的增加，那可能錢沒賺到，且血本無歸。因十萬與一億的差距畢竟太大了，而耕耘與收穫是相對的比率；故其中一千倍的比率，也需以同樣的努力方法可得；所以，不僅奮鬥的態度與精神要加强，可能連政策的本身，也需要適度地修正。假若忽略了這點，那麼本著賺十萬塊錢的經驗，而朝著賺取一億元的目標邁進，就等於是夸父逐日般地愚昧。

亦卽說，一朝獲得小利，就想藉此機會來使自己飛黃騰達，這是不太可能的。

但失敗的經驗就不太一樣了；因失敗的教訓是刻骨銘心的，尤其在痛定思痛後，愈能促使理智的清醒；就在這種情形下檢討失敗的原因，自然會有改過的魄力，與不再犯錯的覺悟；並且展開相當於失敗時的一千倍力量，朝著成功的路途邁進；那麼，雖然虧損了一百萬元，卻由其中獲得賺回一百萬元的啓示。

失敗的經驗，是多麼寶貴啊！

但如一次失敗就頹廢喪志，也就失去「失敗可獲得寶貴經驗」的意義。而且既無法從失敗中領略教訓，還將成為一生的致命傷。

失敗是該悔恨，倘若失敗了仍不知感傷的人已無可救藥；但是把心中的悲哀化為力量，分析檢討，作為永不再失敗的保證，這才是真正的英雄。

探討許多人失敗的原因，都源於對金錢的錯誤看法，

他們以爲金錢是特別的，殊不知它也和所有東西一樣，

外在的事物與環境都會影響其價値——涉沢榮一

涉沢榮一最初是一橋慶喜的屬下；維新後服務於日本大藏省，對於日本近代的租稅制度，廢藩置縣及貨幣制度等機構，貢獻很大。他除了創設日本銀行之外，還

參與了王子製紙、日本郵船等等，超過了五百個社會機構。說他是明治時代，促使日本資本主義發達的領導者，一點也不為過。

這位明治時代的企業家，在奮鬥的過程中，始終以「企業的經營，以精神為主」為座右銘；他的意思是，企業不光以賺錢為目的。

人只要太在乎金錢，熱衷於賺錢；就會在無形中誤解了金錢的意義，而給予它過高的評價，為視它為萬能。

事實上，金錢也不過是一種東西；人類為了交易的便利而設計它，它是由人類來支配，其價值的高低也因外在的環境、事物之不同，而有所改變。

然而，現代社會中，人類卻任由金錢喧賓奪主，成為人類的支配者，具有呼風喚雨的魔力。殊不知金錢也有廉價的時候。例如東西昂貴時，金錢自然受到貶值；而東西便宜，金錢也跟著提高身價；而這一切外在事物的變化，應該是掌握在萬物之靈的人類之手上。也就是說，企業的經營，盈虧都源於經營者敏銳的視察力，加上迅速的行動，來配合外在事物給金錢的評價。

一般公司的倒閉，企業經營的失敗；究其原因，乃是對金錢的交易出入中，往往會因處理失當，而陷入週轉不靈的困境。

這句話最主要是向您說明，錢也只是一種東西罷了，當您掌握支配它時，它是個可愛的小東西；一旦您為它所奴役，它就是個可怕的魔鬼了。

慎終如始，則無敗事——老子

『老子』是中國古代的思想著作。傳說是秦朝李耳的著作；以綜合整理隱者逸士的思想為主，書中多消極，而明哲保身的言論。

這是節錄其中的一句話；對於一件事情的實踐，是非常貼切的教訓。綜觀世上有多少失敗的實例，都是在接近成功的邊緣。

不能貫徹始終是造成失敗的原因；有多少人在接近成功的彼岸時，因志得意滿，而大意失荊州；或者到最後的關頭，卻意興闌珊，而功虧一簣。

如果能把一開始的衝勁與氣魄，堅持到最後一秒鐘；那麼能一帆風順的開始，也必能漂漂亮亮地抵達終點；只是克服人性的弱點，並不是件容易的事。

人有一種很强的適應力，而這種力量的運用，卻關係著一生的命運；如果使自己適應艱苦的工作環境，那日後不管處於何種環境中，都可得心應手。但若適應了安逸的環境，則對於逸樂會無止境的追求；而這樣的工作習慣，對於人生的開創，會有很大的影響。

任何事情已完成了百分之九十九，倘若不去完成其中的百分之一；「也等於這件事永遠沒有完成的時候」；或者在最後關頭敷衍了事，也將使前功盡棄。假若做任何事情都有這樣的壞習慣，那成功之日將是遙遙無期的。

當然，將一開始的奮鬥精神，堅持到最後一秒鐘的確需要很大的毅力與掙扎；然而，這些都是邁向成功的途徑，不可忽視的腳步。

被拒絕了，不需感到悲哀；用不著把拒絕當做是個人的侮辱。當對方把您關在門外時，您更須因此而下定決心

——我定會把握下次的機會，把這筆生意做成——威廉·喬理斯

被人拒絕的悲哀，恐怕只有站在營業第一線的人，才能深切瞭解；這種情形如果連續遭遇幾次，任何人都會患上所謂的「訪問恐懼症」了。

假若有一天您也遭遇被人拒絕的尷尬，大可不必自覺可憐；我們不妨分析推銷員的失敗，其實都是敗在自己的手中，因他們遭到對方的拒絕；往往覺得是莫大的恥辱，而手足無措；加上心情的低落，只好有如逃兵般地落荒而逃。

當您受到對方毫不留情的拒絕時，何不以另一個角度，重新衡量自己與對方呢？您可以憐憫的眼光，來同情他的頑固；並且不改一向的熱情，為他分析利害得失；也慷慨地讓他有接受商品利益的機會。

相信此時對方也勢必以另一種態度來面對您，明顯的好處擺在面前，有誰能輕易放過呢？須知，一場艱苦的奮戰之後，其成就感也相對地令人欣慰。

所以，當您被拒絕時，應反省是否自己的說明不夠詳盡，自己的言詞不具說服力，自己的態度不夠真誠……，徒然地感到羞辱而束手無策，也只有任這份尷尬，成為您再次跨出脚步的阻力。

如能控制情緒的話，那豈會因對方的幾句冷言冷語，就輕易受傷？而推銷工作本就需在不斷的挫折中，鍛鍊出向人生挑戰的毅力。

每個人在拒絕別人之後，都自然會有份歉疚的不安；所以，假若能在受到對方的責罵後，再度鼓起向他挑戰的勇氣；這種掌握對方心理的方法，往往是致勝的關鍵；當然，這種能力並非與生俱來的；看似簡單，卻有賴於平日的訓練。

一個人成功與否，精神的態度比實際能力更重要——司克脫・華木德

也就是說，人類為了達到某種目標；且不去衡量他的能力有多高，他所持的精神與態度，將是決定成功與否的主要條件，而能力反居其次。

當然，不能否認才能高的人，所作所為比一般人更具有效率；但若空有才能，而沒有實踐的慾望，仍舊比不上才能平庸，但實行力强的人；在我們周遭不是也常有這樣的實例嗎？不妨從中思索其蘊含的道理，思想原是如此掌握著我們的行為。

亦卽一個人成功與否，專視其有無不屈不撓的意志力，也就大概可瞭解了；因為，縱使會有許多外來的阻力，但人類意識的偉大，更是不可思議的。

因此，不要悲觀地懷疑自己的能力；更不要自恃才高，而目空一切；事情的結局成敗，往往受自己所秉持的精神與態度之影響。

說這句話的司克脫・華木德，是18世紀～19世紀間，英國最活躍的詩人，也是小說家。此人在五十五歲時，因他所經營的關係出版社倒閉，而負債高達當時的錢幣，英鎊十二萬圓。

面對著如此龐大的債務，一般人想必早已被擊敗；但這位年逾中年的作家，卻一身傲骨，毫不屈服；並且發誓要以一枝筆桿來清償債務；而在往後的歲月中，不斷地創作，終於實踐了誓言。

後來因過度勞累，而影響了健康情形，六十一歲就去世了。一代偉大詩人雖死，然其不屈不撓的精神卻長留人間，比他所寫的小說更為感人。

對任何事情都不可失望，因爲在失望的情緒中，產生不了任何東西——但尼生

有人因失敗的教訓而成功，也有人因失敗的打擊而毀滅；同樣的過程，卻有極端的結果；最主要是由於當事者處理的態度與心情。

也就是說，遭到失敗就任它自生自滅，甚至採取自我毀滅的方法。真令人費解！失敗本身就是痛苦的深淵，為何竟有人甘心沉溺在其中；而不圖自強解脫之道……。

因失敗而喪失幹勁的人，既無法擺脫心中的悔恨，也沒有承認錯誤的勇氣；因此，只痛苦地躲在幽暗的角落裏，怨天尤人。

但是這樣的行為，對於失敗的遭遇能產生彌補作用嗎？徒然地埋怨、妄自菲薄，都不是具有建設性的行為。一個進取的人，一朝失敗並不足掛齒，在悲傷悔恨之餘，應該冷靜探討問題的癥結；以敏銳的思考力，分析彌補的路途，然後展開正確的處理方法。

失望是個可怕的名詞，它在無形中腐蝕人類的心靈；而忙碌又是此一頑敵的尅星；如果您能全心全意投入某種有意義的工作中；那麼在潛意識中，只有鞭策自己突破難關的念頭，豈有時間作無謂的悲傷與失望；信心和希望的神奇力量，往往是美好成果的原料。

耐心與挑戰精神，會隨著失望的意志消滅殆盡，因此，不管面臨挫折，都不許失望，更不能讓自己萌生絕望的念頭，因為在失望的情緒中，是無法創造任何東西的，而世界也會跟著一起毀滅。

第三章　成功時

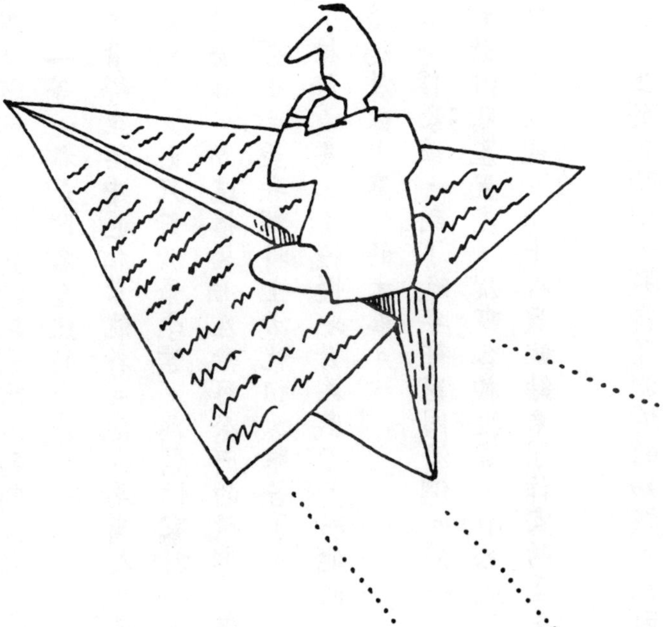

安心，是人類最親近的敵人——莎士比亞

莎士比亞是十六世紀～十七世紀之間，英國文藝復興時期最有名的劇作家兼詩人。他的『哈姆雷特』及『威尼斯的商人』等，都是聞名全球的巨著。

這位劇作家不僅是筆上工夫了得，在實際生活中也相當能幹。他生為商人之子，小學時，不幸父親經商失敗，於是年幼的他，也只好放棄學業，為帮忙家計而出外謀生。十八歲時，娶了一個大他八歲的女孩，而這樁婚姻在無可奈何的情形下促成的，因為她已懷孕了……。由此可知，莎士比亞年輕時生活就相當艱苦了。

後來流浪到倫敦，先在一個劇團中，擔任看馬工；慢慢地升為戲子，而他也一面開始寫作生涯，歷經人世間的歷練，終於展露出寫作的才華。

當時英國文人，在成名之後生活都很奢侈豪華，到了晚年卻窮困潦倒。莎士比亞有鑑於此，在他的名聲達顛峯時，回到故鄉購屋置產，從事各種投資，小心地計畫未來的人生；並沒有因名聲而喪失踏實的人生觀。四十八歲就結束了作家的生涯隱居鄉間，渡過悠閑的晚年。

他並沒有很高的學歷，但卻由自修及人生的體驗中，獲得了淵博的知識。也因

他對人、事敏銳的觀察力；所以，他的戲劇作品中都對人生作了深刻的探討，更一語道破人性的各種弱點。其中這句話，就是充滿教訓味道的金玉良言。這位偉大劇作家的人生觀與處事態度，在這句話中流露無遺。

人在順境中，情緒就會自然地鬆懈下來，而失敗也就由此萌芽……。當然，一年到頭不斷地緊張，精神也會負荷不了；但太放鬆自己的話，卻可能一時疏忽，而造成終身的遺憾。

即使道路是平坦的，仍舊要本著謹慎小心的原則，因為誰也不敢保證沒有突來的意外，豈可不存防備之心。

安心，是令人陶醉的名詞，看似溫馴誘人，其實洶湧的風浪，都是由其中蘊育而來。所以，為了避免陷入最親近之敵人的陷阱中，在人生旅途一帆風順時，更需要時時警惕自己。

百尺竿頭，更進一步——慧開

這是中國禪僧慧開所著的『無門關』中的一句話。主要是說明，禪的修行是沒有止境的。

百尺竿頭，意卽很高的竹竿；也就是領悟的最高境界。而更進一步，言下之意卽雖抵達最高的境界，仍應繼續研究，精益求精。

在禪理的教誨中，又作了這樣的解釋；當到達「悟」的最高境界時，不能因此自滿；為了服務更多的群衆，必須不斷地充實自己，而付諸於行動。

這句話撇開它所蘊含的「禪」的深奧哲理之外，仍舊叫人感受到刻骨銘心的教誨。綜觀現在的青年，有幾個人能有這種謙虛的胸懷呢？大部份的人不是以「我已到達最高境界」，來作為停頓的藉口，就是用「我已付出相當多了」而感到自滿。

又例如企業家，若只以達到每月預定的業績，而感到滿足的話，那麼永遠也無法使業務有突破性的發展。

一個人若沒有求進步的意念，也就等於開始退步了，雖然這種現象不是很明顯，但其後果卻相當可怕。

精益求精的鞭策力量，是進步的源頭。但有些人卻屈服在潛意識的惰性下，當他達到某種目標，就驕矜自滿，認為已凌駕在萬人之上……。

不錯，正當他意氣風發時，他的確超越了許多人；然而，當他在某個人生驛站戛然而止時，別人還在不斷地衝刺呢！而數年之後，這兩種人之間的差距，將是令人難以衡量的！

所以，卽使您現在是某公司的經理、董事，但假若您不力精圖，自我充實；那麼十年後，都能夠讓一個從小工友幹起的人，來擊垮您的公司。或者用不著別人來打擊您，就自然在社會激進的潮流中垮台。

因此，為了自己，也為了配合這個「百年銳於千載」的時代，在漫漫的人生旅途中，應時時以「百尺竿頭，更進一步」來作為座右銘。

氣勢不能使盡，就像福也不能一下子享盡——佛果禪師

每個人在運勢順利時，都會有藉著這個運氣，而一下子獲得所需要的東西的這種念頭……但這種好運道，是否能持久？或者可能因一時的貪念而弄巧成拙；所以，凡事應適可而止；尤其是成功時的志得意滿，特別需要有控制的能力，及懸崖勒馬的警覺性。

在最緊要關頭，因沒能扭轉局勢，而前功盡棄的例子太多了。所以，不能將氣勢使盡，就和不可對幸福快樂的事，貪求無厭的道理是相通的。

這是我國宋代時的禪理高僧佛果禪師，從其師法演賜給他的訓戒中，領悟而得

的一句話。

正確的說法應該是，「勢不能使盡，勢若使盡禍必至；福不能享盡，福若享盡緣必孤。」

人在春風得意時，或洋溢在幸福中時；其實正是運勢衰退的開始。這恐怕就是「物極必反」的道理吧！當然，這種運勢的維持與否，還端賴個人的修養。不要把這句話視為富宗教意味的宿命論！而不屑它的意義！

因為人假若過得太順利，往往會得意忘形，處事態度也會一改過去的謹慎小心，而掉以輕心；失敗的種子就在這種情況中萌芽，如果你稍加留意，將發現我們的週遭，這樣的例子太多了。這也就是氣勢不能使盡，而福不可享盡的道理。

即使有卓越的天賦，不善加運用，也會逐漸毀滅——蒙田

至高的天分，如果不去琢磨它，也就逐漸枯萎，而趨於毀滅。

說這句話的蒙田，是十六世紀的法國哲學家；他生於貴族之家，最初學習法律，三十八歲開始了以思考為主的執筆生涯。

在四十七歲時，完成了有名的著作『隨想園』。後來因查理九世的信任，而展開一連串的政治活動，也獲得了到各國旅行考察的機會。在他完成了『隨想園』的第二年到第四年之間，擔任了波多的市長。

這裏所要聲明的是，這位卓越的思想家，對於備受世人推崇的『隨想園』並不滿意，且不斷地推敲，試著創作出更完美的作品，直到他結束了有生之年；享年五十九歲。

這也正說明他一生不斷地努力，為完全發揮天賦的才能；也為使人生更接近完美的境界。於是，他不停地自我鞭策，至死方休。

我們能有這份熱情嗎？能有這份毅力嗎？每日回顧自己的所作所為，反省檢討，督促自己嗎？假若我們能做到這些；那卽使不能締造如蒙田般的優越成就，也能媲美他的偉大人格。

有多少天賦頗高的人，卻因自恃聰敏過人而怠惰；以致使這份才能不僅無法成為人生旅途中有利的武器，反成為前進的絆脚石。

所以，善用上天賦予您的一切吧！玩歲愒時是無法體會出生命的真正意義的。

人生中沒有比瞭解自己更重要的事；

因此，應該要有獨自靜思的時間——南森

南森是十九世紀末，前往北極探險的挪威探險家。

在他冒著生命危險，向未知世界探險之後；卻提出向自己探險的重要性，更甚於極地世界的探險；這點確實頗耐人尋味。

以今日世界之文明，地球上的一切已真相大白；人類自然無須再從事極地探險的工作，但卻仍有許多其他的重大任務，等待我們去挑戰；因此，對於本身能力的充分瞭解，就顯得相當重要了。

有人可能會說——我追求的生活是平凡、平安，瞭不瞭解自己的能力，那是無關緊要的。不錯，在安逸的環境中，自然會喪失敏銳的警覺性；但須知在人生的歷程中，任何難題都可能會遇到，而且需要親自去處理，這時是否清楚的認識自己，其結果將會有很大的差別。

不瞭解自己的人，不僅無法正確地選擇屬於自己的人生道路；在處理事情時，也無法以客觀的態度去衡量；因此，可能使原本應堅持到底的事，在遭遇一點挫折時，就喪心喪志，而輕易放棄；也造成終生的遺憾。

但真要認識自己，豈是想像中的容易；有些人花了一輩子的時間，仍舊不瞭解自己，而留下許多徒嘆「失之交臂」的遺憾呢！所以，應常為自己安排思考的時間，以冷靜客觀的態度，來徹底地瞭解自己。

千萬不要忽視了這樣的小節；雖然只是片刻的靜思，但是在忙碌的日子中，能享受這般滌盡萬慮的時刻；既是人生中的一大樂事；而它的偶得，更是生命中的啓發。也可能因此對自己有更深的認識，而勇敢地跨出腳步；這對於整個人生來說，可能是微不足道的一小步，卻是個人生命中的一大步。

我們所完成的事，只有能力所及的百分之一罷了！——豐田佐吉

豐田佐吉以一介木匠，憑著堅强的毅力，終於發明創造了豐田式的自動織布機；可說是個成功的企業家。

他在西元一八九七年時，創造了第一部動力機器；後來不斷加以改良，終於在一九二六年研究成功。其不屈不撓的精神令人感動。而在這三十年的歲月中，他所獲得的專利有一百多種。由此可知，他不曾以自己的成就為滿足，並不斷追求更高的境界。

您只要牢記這位發明家的事蹟，並體領會他奮發的精神；那麼他所說的這句話，就更具有説服力了。

事實上，有誰能對自己的成就無動於衷呢？一般人一朝成功，往往志得意滿，而不知繼續追求新知以充實自己。假若您第一次成功，就沈溺於勝利的喜悅；那麼可能就毀滅於笑聲的浪潮中。

精益求精，想往高處爬，乃是人類進步的原動力。

不僅是對自己以往的成就，要有突破的心理；仰望前人的功績時，也不能一時模仿他們的行徑；應以自己獨特的作法，創出更好的成績來。

所以，雖然完成了一件事，但不要因此自滿；試想，您的能力只是這樣嗎？而等待您去實行的事情還多著呢！那麼，您不但沒有時間萌生滿足的念頭，還會激起百尺竿頭，更進一步的欲望。

人，不會被高山絆倒，卻常常跌在小丘上——淮南子

要進行一件很重要的事時，定會細心策畫，全神貫注；所以，失敗的機率也跟著降低。但做一件小事時，卻往往心存馬虎，掉以輕心。

但雖是蟻塚般的小丘，一旦為它所絆倒，也可能成為致命傷呢！

在日常生活中，我們常常無視於這些小節，卻不曾想過，因小失大的例子太多了。

不要因事情的細小，就輕視它，而不全力以赴；想想，跌在蟻塚般的小丘上，是多麼叫人痛心疾首啊！

當然，一個人也不能一天二十四小時，都全副武裝，步步為營；但若因其事小，就不抱以虔誠的態度去處理；那麼等到因一次小摔　而造成終生的憾恨時，就後悔莫及了。

行善十年，仍嫌不足；而行惡一天，已太多了——中國諺語

這和中國的另一句諺語，「行善無人知，行惡傳百里」，有異曲同工之妙。本來人的評價觀念就有這樣的傾向；對別人優良的行為，總不會留下深刻的印象；但卻常刻意去記取別人的過失，一旦他人犯錯，即使微不足道，也會成為無法抹滅的污點。

對自己的要求，則又是另一種態度；總會心想，我已做了那麼多好事，偶而犯過，應該無傷大雅！這種個人觀念與周遭人群看法之差距，常常是釀成悲劇的原因。

我們不妨試著探討商業界許多經營失敗的例子，將不難發現這個觀念影響之深遠。

因此，卽使您過去的表現再優異，留給旁人的印象再好，也不能因此放鬆對自己的要求。

美好的形象，不是一天建立起來的，但卻可能毀於一旦。所以，俗語說：「一失足成千古恨」，並非沒有道理；豈可不引以為鑑呢？

不滿足現狀的人，卽使獲得了他想要的東西，仍舊不會感到滿足——奧雅巴哈

奧雅巴哈生於十九世紀，是德國的作家。而他同時具有猶太人的血統，也曾為猶太民族的解救，轟轟烈烈地戰鬥過。

的確，在我們的周圍，經年在抱怨，不滿現狀的，大有人在。當然，不滿現狀是自我鞭策的動力；完全沒有這種情緒的人，可說缺乏幹勁，不求發展。

然而，如沒有改善的行動，卻只會徒然抱怨；同樣不能為自己作任何突破。

像這種滿腹牢騷的人，在一個大組織中就如同癌細胞一般，不滿的情緒逐漸向四周擴散，在團體中成長……，試想，周圍的人都受了這樣的傳染，那將會有多麼可怕的後果。

那又為何一年到頭感到不滿呢？因他有超出自己能力範圍的貪欲；永遠無法滿足於現狀，不斷地希望擁有更好更多……，而美好的標準並沒有一定的界限；也因此一直陷自己在欲望中掙扎。

但收穫與付出永遠是成正比的；若正想要使生活過得更安逸，更美好；卻沒有付出相對的勞力；那麼欲望與所得，自然永遠不成比率。

每個人都應該衡量日常生活的需要，適當的限制欲望，與滿足現狀；否則，任由貪欲像無底洞般地侵蝕自己，那永遠也沒有幸福可言。

瞭解自己的能力，給予適當的鞭策，才是上策。須知，一個人最可悲的是，羨慕別人所擁有，卻老是不滿自己的一切；如此不幸也就接踵而來。

俗語說得好，「不知足的人，卽使富有，內心還是貧窮的」。

一本初衷——世阿彌

世阿彌是十四世紀～十五世紀之間，活躍於演藝界的名人。在當時這是典型的馬路藝人，純粹以娛樂大衆為主；世阿彌並非因自己是個小丑，而放棄了內心嚮往的藝術境界。

因此他提出了這句話，作為對藝人們的教誨；所謂「初衷」，卽第一次表演時的崇高抱負，以及內心的感動。

舞蹈雖有一定的步調，但如果只配合音樂節拍舞動，沒有將自身的感情融入其中，那自己不僅無法體會深遠的意境，而觀衆自然也不會受到感動。

一位舞者每次總按照節拍、韻律，擺動四肢；熟能生巧之後，自然變成一種習慣，也就失却了這份感動；自然地也無法令觀衆感動。

所以，舞者最重要的就是，將赤裸裸的原始感情表達出來；卽雖然同樣的一支舞，已跳過幾千幾百遍；而以熟悉的動作，始終如一地表達出扣人心弦的感情；並且不改第一次婆娑起舞時的偉大抱負。

這句由一位從事表演事業的人，有感而發的話，它不僅貼切地傳達舞蹈的意義，對從事企業經營的人，也提供了很好的啓示。

企業是屬於大規模的組織，假若從業人員因每天都重複著相同的工作，而只當自己是部活動的機器，那麼工作效率必然低落，業績也不能有所突破；相同的，居於領導地位的人，若不能發揮理想抱負，而只墨守成規的話，那公司就沒有發展可言。

假若能將創業之初的奮發精神，恆不間斷的持續下去；成果必定是令人刮目相看的。

所謂的「一本初衷」，也就是這個意思。

常有許多人，隨著年齡的增長，及閱歷的豐富，而不再有那份戰戰兢兢的情懷。這位表演事業界的名人，即以這句話來勸諫世人。

當然，在進步忙碌的工商社會中，要抱著戰戰兢兢的情緒，在每日生活中作新的體驗，實在不是簡單的事；但卻有很多人因不能貫徹到底，以致中途慘遭滑鐵盧；因此，更不得不細心去咀嚼「一本初衷」的深意了。

只看到贏的一面，卻不知有輸的一面；往往會惹禍上身——德川家康

建立了江戶幕府三百年歷史的德川家康，年輕時勇猛善戰，並積極地擴展勢力範圍；三十歲時已平服了三河、遠江等地，而獲得很高的評價。

但有這樣的一個傳說；有一年，他在三方原向武田信玄的西征軍挑戰，卻被打得體無完膚，落荒而逃；在逃往居城浜松的路途中，這位英勇的戰士，卻因過度緊張而在馬上失禁了。

但這次的三方原之戰，對於一向只知勝利的德川家康而言，無非是一帖良藥；他終於瞭解，在人生的戰鬥中，也會有輸的時候，於是，他的思考更加細密，計畫更加周詳。

勝利固然令人喝采，但如果心中只盈溢勝利的喜悦；那驕傲的情緒必會油然而生，而且因此釀成無法彌補的錯誤。因為驕傲會蒙蔽人類的雙眼，而低估對方的能力，待看清對方時，已措手不及。

假如能吸取失敗的經驗，臥薪嚐胆；那麼必能體會致勝的要訣，而勝利的滋味也將更覺芬芳甜美。

如把這句話，運用在現代商業社會中，卽居於領導地位的，只知發號施令，卻從不體諒部屬的辛苦；只要求屬下鞠躬盡瘁，卻不知給予適當的撫慰。

這些人當然不能否認他們的能力，但如不對自己的作風加以限制；在公司經營順利時，屬下們或許仍會言聽計從；一旦公司業務面臨危機，則勢必遭到衆叛親離的下場，而表現出人性最脆弱的一面。

把失敗的經驗，當成歷鍊人生的機會，實在是種崇高的學習方法。

不要急功好利，而一味地往前衝；只嚮往成功勝利，卻從不考慮也有失敗的時候，往往會遭到始料未及的挫折。然一旦遭到挫折，也不能因失敗而悲觀，要有從教訓中醒悟的胸懷。

與其不完全性的成功，不如完全性的失敗——T・J・華特生

華特生以始創IBM而知名。這裏所舉出的這句話，可說是創立大事業的人，所共通的一種完美主義。

時下的年輕人，通常是這種完美主義的忠實信仰者；年輕人意氣昂揚，不屑於半途而廢，不輕易妥協；常常都是抱著「寧為玉碎，不為瓦全」的原則；而期待完整的、絕對的勝利。

但長大後，經歷社會種種的磨練，就慢慢感到這種完美主義並不適用；而前輩們也會耳提面命，這種完美的理想是行不通的；這時為了適應社會，於是降低自己

的標準，學會了苟同，也妥協於不完美的一切。

社會是現實的，而現實是殘忍的；假若對任何事情都過份要求完美，當然無法在這個社會生存下去，但有時也不能放棄自己的原則。

而年輕時的理想與抱負，就這樣隨著年紀的增長，一點一滴的消失；這種過程，大概就是完美主義的一般發展圖式吧！

但您若看了世界成功偉人的傳記，將瞭解到他們之所以有傑出的成就，都是雖歷經社會的磨練，但潛意識仍得持年輕時不妥協的心態。

的確，適度的苟同與妥協之態度，是處理問題的捷徑。而任何事情以堅持的態度要求完美，等於是繞道而行；雖然是同樣的抵達目的，但走捷徑與繞道而行時，當事人所抱的態度必然不同。

當然，經過困難的歷程而獲得成功，必須付出相當大的代價，但卻更能感受到成功的喜悅；而大部份的成功者，都是由這樣的歷練，體會出生活的意義。

第四章　苦惱時

忍耐，是支持工作的資本之一——巴爾札特

十九世紀花費所有的精力，寫了許多被稱為「人間喜劇」的這位大文豪，在他成為舉世聞名的小說家之前，遍嚐人間的辛酸。

他生為高級官員的長男，本奉父命立志當司法官，在巴黎的神學院學習法律；二十歲快要畢業時，卻不顧雙親的反對而休學；決心忠於自己的興趣，當一位作家。

但他開始寫作時非常不順利，後來因認為光靠寫作，要想經濟獨立是相當困難的。於是他一面經營出版社，一面寫作，但挫折仍舊接踵而來。

以後他又陸續換了排版、印刷等工作，但依然沒有解決經濟上的困難。到了二十九歲時，他已經負了十萬法郎的債務，當時的十萬法郎已經是足以陷人於絕望之中的龐大數目，但巴爾札特卻不屈服。

他再度下定決心，靠一枝筆來解決山高般的債務；也在這時展現出行雲流水般的文筆，而成為舉世聞名的作家。

對一個赤手空拳，憑著一股堅定的信念，而還清債務的作家來說，耐力確實是

他生命中最有價債的資本。

但一般活躍於企業界的人，提及資本定想到大筆金額，或網羅青年才俊；總是想藉外在的事物來豐富自己，卻忽略發掘本身的忍耐力。

事實上，要發展一番事業，的確需要一番投資，如工廠的設備，機器的購置……。

但在實際的營業交易中，一個人的忍耐力往往是成敗的關鍵。而徹底探討它的意義，可説精神力量，是推動事業進展的利器。

假若公司所謂的青年才俊，卻每個人都缺乏堅强的耐力；那這公司外表雖然冠冕堂皇，人才濟濟，而其資本之匱乏，卻令人寒心。

苦難是非常可貴的——山中鹿之助

隨著社會的變遷，人類物質文明可説已達到顛峯；但仍有許多人認為，人生苦短，大可不必過於辛苦；尤其是現代的年輕人，大都好逸惡勞。

山中鹿之助，是「講談本」中的吳雄豪傑，在實際生活中，也流露出生龍活虎般的精細。他生年不詳，只知大約是十六世紀，卽相當於戰國時代的末期，是尼子家的家臣。幼年時就孔武有力，一人可抵十人；在武術方面也有很高的天份，被視為尼子十勇士中的佼佼者。

據説，當時尼子家和勢利強大的毛利勢交戰時，山氏祈禱著：「請賜給我們苦難與考驗吧！」由這句話我們可他之所以成為「講談」的主角之道理。

戰國時代的武士，其能力得到肯定與否，端視其戰爭過程的難易；與弱敵交兵，戰勝了不足為奇；戰勝强敵才能名揚四海。

假如您能瞭解他們的生活背景，再來品嚐這句話，就可體會出一個以自己的職業而自豪的人，他說出這樣一句話時的心情。

換言之，他奉獻整個生命，希望在自己熱愛的職業中，藉著外在的磨練，不斷在技術上求進步。

的確，人處在非常的狀況下，常會因種種事物的刺激，而發揮出不可思議的力量。

亦卽在安逸時就自我鍛鍊，是非常可喜的；但在不斷的考驗中成長，更能提升自己的能力。

這點可舉運動選手的訓練為例，為了發揮體能的極限，因此，平時的訓練，是

艱苦而需下斷地自我折磨，亦卽向肉體挑戰；而藉著肉體的磨練，來達到提升精神、體力的目的。

學生生涯有過運動經驗的人，應該能更進一步瞭解這種情形，而體會其中的深意。

但是步入社會後，在自己的工作崗位中，卻很少有人能繼續這種艱苦的鍛鍊；這是什麼原因呢?社會上的重大使命，正等著我們以更堅强卓絕的毅力去實現呢!所以，不論您是學生，或是社會的中堅，國家的棟樑；為了提升能力來配合使命的完成，要勇於向苦難挑戰。逃避不是辦法，面對它、克服它，才是解決之道。

苦難是一種成長的歷練，缺乏挑戰意志的人，不管做任何事情都無法成功；如果一遇困難就逃避畏縮，卽將永遠也無法領略在苦難中成長的喜悦。

✿並非處境決定人的一生，而是人自己創造一生的處境——狄斯累利

任何人在不順利時，都常埋怨「我的命真苦」，「我運氣太壞了」……，他們總是把失敗的原因，歸之於週遭的一切。

這種想法，自然可減輕對自己的責備，也為失敗尋找一個妥善的藉口。

但把責任推給四周的環境，就能改善命運嗎？假若只徒然感嘆命運乖舛，卻不圖挽回；那麼你已屈服於處境之下了。

說這句話的狄斯累利，是十九世紀的英國政治家。三十八歲時就擔任保守黨的議員，而逐步地走入政治界；四十八歲時已是國家大臣，六十四歲當了首相。以後就更平步青雲，在政治界留下不朽的功績。

他外交手腕尤其靈活；憑著堅定的信念，與敏銳的觀察力，建立了與友邦親密的關係，積極從事對雙方有利的活動；因此受封為伯爵。

和他這種周旋於複雜的國際行勢中的工作相比；站在商業立場的個人，可說是微不足道的。同樣地，所面臨的問題也簡單多了。

不要把失敗歸咎於環境；因這樣只會使自己在困境中，更加墮落。要有自己去創造環境的勇氣；命運是掌握在我們手中的。

卽使荊棘阻擋在我們面前；仍應想到局勢乃由我們所操縱……，所以，用充滿信心的姿態，毫無畏懼的一路奮鬥下去吧！

風吹竹搖動，風過樹靜止——菜根譚

風吹過竹林，會發出唏唏沙沙的響聲，而左右晃動；風停時，竹林又回復到原來的寧靜。

這句話看似乎是描述自然山野的景緻，其實蘊含著發人深思的意義。

這是中國明末的儒者，洪應明的『菜根譚』中所記載的一句話。

洪應明研究儒家思想，同時吸收老莊的精華；對於禪的思想內容也有豐富的知識；是個學問淵博的思想家。由這句話也可看出他受老莊及禪理思想的影響。

也就是說，人在研究鑽營中，期待新的領悟；但此時若周圍發生變化，必會分散注意力；這就像風吹過竹林，定會發出響聲的道理是一樣的。

若任憑周圍發生重大變化，仍無動於衷，這實在是不可能的事。若真有這種情形，那他已不能稱為人了。

但可取的是，只要風過了，馬上回復原來的平靜。就像外界的干擾過了，馬上找回失去的專心，不再苦惱於外界的雜務；這才真是偉大異於凡人的地方；以此自然的景象來形容，是再恰當不過了。

的確，在日常生活中，週遭定有許多瑣碎的雜事；假若每件事情都令您苦惱，那有誰消受得了？

當事情來臨時，每個人都要面對它，思索解決之道，這是最正確的方法；但倘若只徒然擔心，而無法解決這些問題，那麼這種人應該學習——風過了，山野又回復原來的寧靜的這種精神。

✤✤人的生命就像果實一般，同樣各有他成熟的季節——拉羅修克夫

在社會上常看到許多年輕時很活躍，且工作力旺盛的人；到了中年擔任管理工作時，就變成無能的科長、主任之類的。

反之，有人年輕時平平庸庸，但隨著年紀的增加，卻逐漸擁有令人刮目相看的成就，是個精明幹練的主管。像這樣的例子，屢見不鮮。

換言之，卽人各有不同的成熟季節。

如果自己能瞭解，目前正處於人生中的那個階段；那麼對於人生旅程中的衝刺，將有很大的帮助；但這點卻難以做到。

假若能對屬於自己豐收的人生季節，作深入的探討；必能為人生的成就帶來很大的改變。而且在瞭解自己的人生季節之後，可以後天的努力，使生命中的成熟季節保持更久，成長得更完美。

如在工作崗位中，擔任的是管理他人的職位；那麼更需要用心去體會這句話，每個人有不同成熟的季節，以博大的眼光來培養人才；今日他雖沒有鋒芒畢露，但明日您或許需借助他的力量來發展事業。

在這個現實的社會中，已有了不是吃人，就是被吃掉的傾向；這種情形也造成了只需要人才，卻不願訓練人才的制度。

假若您是居於輔導管理的地位，那應該花點心思去瞭解部屬的人生季節，給予適當的栽培，也使他的才能有大放異彩的時候。

❖世上沒有卑賤的職業，只有卑賤的人——林肯

以解放黑奴而聞名的美國大總統林肯，留下了許多名言，這只是其中之一。

人們常說「職業無貴賤之分」。但實行上卻常以職業、地位，來判斷一個人的價值。而這樣的評價是否正確合理呢？

這位偉大的政治家說，人為了某種目標而工作，無論這份工作是什麼，都是尊貴而神聖的。

假若自認為所從事的職業卑賤，那恐怕問題不在那份職業，而是從事的人使他

卑賤。這句話對於每個人衡量本身的職業價值，蘊育很大的教訓。「我的工作是很卑微的」，心存這種念頭的人，也就等於以自身的卑賤，來瀆褻一份神聖的職業；而他的工作真會變成卑賤的。

對自己的職業引以為榮的人，與鄙視自己工作的人；因其敬業精神的差別，及潛意識中對這份工作的心情，都將嚴重地影響到工作效率。

※克服自己，是人類的勝利中，最偉大的勝利——柏拉圖

柏拉圖是西元前五世紀～四世紀間，古希臘最偉大的哲學家。所謂的哲學，可解釋為對智慧的熱愛與追求，即完全站在尊重理智的立場。

的確，在人生旅程中，最大的敵人往往是自己；而克服自己是相當困難的。當我們朝著某個目標邁進時，往往會因自己潛意識的妥協，而導致失敗；並不是外在環境的障礙；但這點又是人們所無法瞭解的。

克服自己，可說成「徹底的自我管理」。而這種管理最重要的是，控制內心的情緒。成為本身意識的主宰，在邁向目標的過程中，不使本身的脆弱成為最大的障礙；如能掌握這個要領，那就沒有什麼辦不到的事了。

當然，在實際的情況中，可能無法適當地控制自己的情緒。

但只要能在這方面多下功夫，那這個人的成就也將不可同日而語了。

社會上有許多人不敢承認自己的失敗，他們發牢騷，怨天尤人；但仔細探討，阻礙成功的最大關鍵，卻是自己本身潛在的問題。

所以，在人生的航程中，情緒的控制與自我管理是相當重要的。

※沒有耐心的人，在換了十個工作之後，也就等於將以乞憐爲生活的武器——荷蘭諺語

在這個人事流動率很高的社會中，一天到晚換工作的大有人在。但長此下去，每種工作都不專精，恐怕就真要遭到當乞丐的命運了。

也就是說，從事一樣工作，定要有相當的耐力，來發掘自己對工作的興趣。

假若常常抱著「這個工作我沒興趣」，「那個工作不適合我」的這種想法，久而久之，這個社會中再也沒有適合自己的工作。

當然，選擇工作時，必須先考慮本身的能力與個性；果真這份工作沒有辦法充分發揮才能，也要有轉換工作的勇氣。

但假若因無法忍受那份工作的辛苦，而想找另一份輕鬆的工作；那就永遠也無法找到適合自己的工作了。

因世上豈有不辛苦的工作，須知「要怎麼收穫，需先那麼栽！」若一心嚮往輕鬆的工作，而不停地變換；到最後將造成什麼事也不想做；那當然只有靠行乞為生了。

◈沒有一個人不會擁有好機會，只是他沒有好好把握——卡內基

卡內基去世於西元一九一九年，在他八十三歲的生涯中，在許多方面都有卓越的成就。

卡氏本生長於蘇格蘭的農家，十三歲時全家移居美國。曾在木棉工廠當捲線工人，也當過蒸汽機的火夫、機械工、郵差、電信技術員及鐵路局工人等等……。累積豐富的工作經驗，後來做股票生意成功，賺了大錢，也因此成為億萬富翁，被稱為美國的鋼鐵大王。促使他成為鋼鐵大王的背景是南北戰爭；而他似乎對於當時的局勢將爆發南北戰爭，並且將大量需要鋼鐵早有先見之明；所以才能及時把握機會，一舉成功。而他這種敏銳的感覺，可說是已充分流露他特殊的天分。

但這位成功的企業家，並沒有把一生的精力都耗費在金錢的追求；他六十六歲便決心退休，於是將卡內基鋼鐵廠以五億美元代價賣掉；然後，把財產投資在教育文化事業，及和平運動的提倡。對世人的貢獻相當大。卡內基之家卽其文化事業中的一環。

的確，我們常聽到社會上許多人在埋怨著，「為何幸運之神從未降臨過，我的運氣真差」，真是這樣嗎？上帝真不公平嗎？其實不然，每個人的機會均等，只是您未曾好好把握罷了。

這點可舉股票生意為例，每個交易的人機會都均等，何以有些人成為暴發戶，有些人卻因此一敗塗地呢？此卽源於個人敏銳的觀察力；在判斷、分析與決策的每一個細節，都是賺錢與否的關鍵。

卡內基根據當時南北的局勢，而看出鋼鐵需要量將大增；假若那時美國的企業家都同樣有銳利的眼光，那麼每個人都可能成為鋼鐵大王。但卻只有卡內基獨占鰲頭，而最大的原因，是他善於把握機會。

機會有時也需靠自己去創造；假若您天天閉門等待機會的來臨，卻不知跨出腳步，接受人生的各種挑戰，那麼卽使機會來到您面前，恐怕依舊渾然不知吧！

而當機會來臨時，更需要有效的利用，盡最大的力量去把握，否則同樣不會有什麼收穫。

人生即使真有機運的好壞，但對凡事抱著消極態度的人來說，豈不都是枉然。

✿知己知彼，百戰百勝——孫子

『孫子』是我國周代的孫武所編著的兵法書。他的軍略思想對後世的影響很大。這裏所舉的是謀攻篇中有名的一句話。

據說善戰的拿破崙，即把『孫子』當成致勝之書，他認為這個『持久論戰』，頗符合科學的真理。

兵法書中以這句話來說明戰勝的要訣；把它運用在現代商業社會中，仍舊可顯出其價值來。

首先談到「知彼」。在進行某項交易時，在洽談的過程中，您必須先瞭解對方的實力、處境等，有關於對方的情報，都有蒐集的必要。

如能掌握的資料、心態、對方會有何種反應，事先可能正確的預測。

接著談到「知己」。這是有關自我評價的問題；要以客觀的態度，衡量自己的能力與程度。當然，這可能比知彼更難，因為人往往不敢面對自己的缺點。而自視過高，導致失敗的例子太多了。

想「知己」，必須養成經常自我檢討的習慣，慢慢地正確衡量出自己的能力，什麼事能做，什麼事適合做。然後，加上對敵人的瞭若指掌，而決定戰鬥的策略，那這樣的一場戰爭，豈不勢在必得。

意氣用事的人，可能在暴風雨的日子裏把船開出去——德國諺語

一個人假若在工作崗位上，遇到任何不如意的事就表露在臉上，或把怨氣發洩在別人身上，那麼他所處的環境，就有如把船航行在暴風雨中般的危險。

要想在社會上爭得一席之地，需特別注意的就是不可意氣用事。因為儘管您不是個很突出的人物，但週遭仍有許多人時刻在視察著您。因此，不必說一遇到挫折就暴跳如雷，只要是您無法坦然面對一些小瑕疵，卻把它們點滴積壓在心裏，這是相當危險的。

因為在這種心理狀況下，無論做任何事情，都容易造成因發洩而態度馬虎，或把潛意識的不滿情緒，在無形中表露出來，做出反抗上司的舉止。

這樣的話，就等於是意氣用事地把船開到暴風雨的海上。首先遭遇的是，工作效率因而低落，事事都不順利。上司也會發現其潛在的反抗意識，而改變對他的看法；這些都還是其次，最重要的是這種憤恨不平的情緒，將影響一生的人格塑造。

這種人不僅無法創出成功的企業，在其他方面，可能也都會遭到功敗垂成的命運。

不能使忿怒的情緒流露臉上，那到底該怎麼辦呢？自然有它的排解方法。要學習控制情緒的方法，徹底分析不滿的心理狀況，掌握情緒的變化，推翻怨懟、懷恨的心理，如此將發現那原是自己的誤解，或芝蘇小事。

假若經過分析後，仍覺得生氣是理所當然的；那何不心平氣和地道出原委，試著改變處境，也改善人際關係，須瞭解抱怨、生氣皆於事無補。

✤獲得幸福的唯一途徑，是不把幸福當做人生追求的目標——

J・S・米爾

「幸福，是我所追求的！」「我要獲得幸福！」像這樣將它視為人生目標，而汲汲營營的人，是無法感受到何謂幸福的。

說這句話的米爾，是十九世紀的英國哲學家，也是位經濟學者。他的理論，對於近代經濟學的發展有很大貢獻。他所說的話被視為功利主義，卽將個人快樂的追求，以人類社會活動來解釋。

人為了獲得幸福而追求名利，而幸福是快樂的泉源，快樂又是人生最大的目標。這種說法似乎理所當然，但如按此想法，而一味追求理想中的幸福，往往會失敗。這句話卽用來說明其中的道理。

例如您從事某種工作，而這份工作是以牟利為原則，並且嚴密地計算本錢與盈利，在確定賺錢之後，才放手去作；但在工作的過程中，心中只充塞著利益，那還能察覺其他快樂的感受呢？

假若因盈利不多，就以滿腹牢騷的態度去面對顧客，那必定會更引起客人的反感，更使生意一落千丈，並且陷自己於愁雲慘霧的困境中。此卽愚昧地把名利視為幸福的泉源，而盲目追求的下場。

相反地，選定一個目標，努力奮鬥，在邁向人生的旅程中，自然會有一波波的成就感，把您淹沒；這種喜悅能使您體會到生命的意義，這就是幸福的泉源；而利益也就在這種自然的情況下產生。

幸福是抽象的，它只是一種感覺，光看個人如何去體會它罷了。

人生的幸福就是這般難以詮釋；如果您把它當成一種目標，將會為永遠也無法到達而萬分痛苦，也就失去了追求幸福的意義。

別當它是個目標，它只是歷經了人生的磨練之後，自然感受到一種發自內心的喜悅。不明白其中道理的人，恐怕終生都無法掌握幸福的訣竅。

❖幸福與不幸，都是掌握在自己的手裏——中國諺語

德國也有一句類似的諺語，「幸福由自己支配，不幸靠自己去克服」。

這句話主要是推翻，人類的幸與不幸，冥冥中自有上天安排的這種觀念；並說明人類本身應具有左右命運的能力。

幸福，是人們經過一連串的灌溉經營，才得到開花結果的豐收。而不幸呢！它不是突然來的，也是人們一手培育出來的。

所以，人生的幸與不幸都不會自己來；除非您先向它們招手！

當然，也不能否認人確有機運的好壞；但光憑這微乎其微的機遇，那裏能創造出人類的幸福與不幸呢？

我們可舉獎券為例；中了特獎，的確是擋不住的財運；如得到這筆錢就失去了工作的意欲，每日精神懶散，吃喝玩樂……終至流落街頭，行乞無門；這時自己就是抹殺幸福的劊子手，並且帶來更大的不幸。

社會上這種富諷刺意味的小故事，屢見不鮮；而其中幸與不幸的關鍵都在自己。

換個情形，假若把獎金從事有意義的投資；藉著好運的餘勢，更加奮發工作；那誰說成功不是指日可待呢？如此不僅把好運延續，也創造了幸福。

因此，只會埋怨運氣不好的人，或者憑藉一點運氣，就怠情偷安的人，是不能永久地享受幸福的。

不要忘了，以自己的能力去支配運氣，幸福是不會自己來的。

人生本是一種磨練。差別只在不愉快的情緒中接受磨練，或以欣然的態度接受磨練——德富蘇峯

每個人都想過舒服的日子。眼看著別人飛黃騰達，誰能不心生羡慕，甚至嫉妒呢？但卻不曾思量過，別人在成功之前，付出了多少代價？又經過如何的戰鬥？所

以，在您嫉妒別人的成功之前，先想想他們起步時的艱辛吧！

為自己不能出人頭地而滿腹牢騷的，比比皆是；但在埋怨之餘，是否曾檢討到底付出了多少？假若光只會妄自菲薄，那成功勢必與您無緣，並且會常陷自己於人生苦境。

如這時您能抱著——人生本是一連串的考驗的這種念頭；既然來到這個世上，就應勇於接受各種磨練。一旦有了這種想法，原先的所有問題都將迎刃而解，連挫折也變成理所當然，並且甘之如飴了。

試想，同樣需接受考驗，與其埋怨不滿，不如以輕鬆快樂的心情去面對它。

雖然這種不慍不火的情緒很難培養；但經過一段期間的訓練之後，您將會發覺，這種悠然的情緒給您的帮助是無法衡量的。

假若您用心觀察古今中外偉人成功的例子，將會發現他們都極善於控制自己的情緒。

德富蘇峯是明治維新時代的言論家，也是國民新聞的創刊人。

❖人，未曾勞動就無法獲得休息的權利；
同樣地，沒有經過戰鬥，也無法得到勝利
——肯比斯

說這句話的肯比斯，是十四世紀德國的神學家，他對於聖典的研究，有相當卓越的成績。

的確，人假若不曾辛苦的工作，就不會瞭解何謂休息；所謂的休息，必需要由辛苦的勞動中，才能使他顯出意義來，也才能體會其中的喜悅。

我們經常戲謔地說著：「假若我能有一整年的休假，那該多好？」而事實上，當您每天都休假時，那種失落精神寄託的痛苦，不是旁人所能領略的；到最後恐怕會感到無所適從，並且失去了休息的意義。

勞動不僅是一種生存的手段，也能讓人從中體會生活的意義，更能讓人瞭解休息的可貴與喜悅。

工作愈辛苦，相對地，愈能感受到休息的喜悅；有了這樣的想法，將不會再排斥辛苦的工作。

這點和不經戰鬥，無法得到勝利的道理是相同的。

當然，凡是人都會有幾分不勞而獲的投機心理；但這種情形是無法享受其中成就感的喜悅。而事實上，天下也沒有不勞而獲的事。

德國的一位哲學家康德曾說過：「人類最大的喜悅之一，莫過於劇烈勞動後的休息。」這樣的快樂人人可以去追求，但它絕不是不勞而獲的。

◈治療失意的情緒，以喝酒來麻醉自己，倒不如將精神投注於工作中——威廉・傑姆斯

威廉・傑姆斯，是個相當知名的哲學家，為美國實用主義哲學之祖。所謂的實用主義哲學，並非只以不切實際的抽象理論，來討論人類的問題；實用哲學的真正使命，是衡量事物的實用價值，及探討實踐後的結果。

這位威廉・傑姆斯是位多才多藝的學者。最初在哈佛大學研究醫學，後來又參加亞馬遜河的學術探險隊。三十歲就擔任了哈佛大學的生理學教授；四十三歲擔任心理學兼哲學教授。

他熱衷於研究工作的情形，用廢寢忘食恰可以來形容他旺盛的精力。傑姆斯這句名言的意思，旨在說明，對任何事情都充滿研究的好奇心，貫徹意志，集中精力，去從事每一件事情。假若能深入瞭解其人的思想背景，就能體會他說此話的心情及其價值。

大部分的人，在情緒低落時，都會有以酒澆愁的念頭。如此地麻醉自己，雖然

可以暫時忘記一切的煩惱，然而，清醒後卻要面對更深的痛苦。

因此，與其用酒來排遣消沉的意志，不如把全付精神投注在有意義的工作中；並深入探討導致情緒低潮的癥結。因為逃避只是弱者的行為，勇敢地面對它才是解決之道。何況集中意志必能提高工作的效率；如此以成就的喜悅，來治療情緒的低落，豈不一舉兩得，何樂不為？

◈不要爲明天煩惱，明天的事，明天自然會有解決的方法，今天需費心的，已經夠多了——馬太第六章

新約聖經中的這句話，不僅為世人所熟知；並以各種蘊含教訓意味的解釋，廣泛地流傳在人間。

馬太傳中的這句話，本意是勸誡人們不要為明天的榮華利祿而煩心，只要虔誠

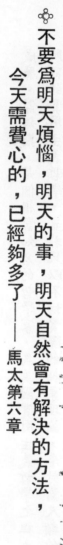

的信仰，神自會在冥冥中安排好一切。

也就是說，不要為了世俗的貪欲，而迷失了信仰的一種教誨方式。撇開對神明的信仰，這句話仍隱藏著發人深省的啓示。

人常會為未來的問題而焦躁不安。為明天的事做準備工作，當然無可厚非；但假如為未知的煩惱，而至無法把目前的工作做好；這種人恐怕到了明天，又要為後天煩惱了……如此日復一日，總是把精力耗費在明日的展望，而徒留今日的遺憾。猛一回頭又將發覺，一生都在不幸中渡過，竟然沒有感覺踏實的時候。

今天只有一個，是稍縱即逝的，而一日任由它飄然遠去，只有空留滿懷悵然了。因此，好好把握這一天吧！讓每個日子都轟轟烈烈，而累積每個充實生動的日子，生活將是充滿意義的。

為明日無謂的煩惱，而放棄為今日戰鬥的意志，太不值得了。即「明天的事，明天自有解決的方法」，這句話有頗深刻的意義。

✿ **眞正優秀的人，必須瞭解任何事情都需要代價；**

——唯有付出，才能有所收穫——保羅・華等里

保羅・華等里是法國人，被視為「二十世紀最具有智慧」的詩人，也是位思想家。

這位偉大的詩人，在一九四年，結束了七十四年生涯時，高盧政府為他舉行國葬儀式。

這是針對人的精神活動所説的一句話；換言之，沒有經過一番歷練，不可能有任何收穫；想獲得某種東西，必先付出相對的代價。

但這句話的含意，並不限於人的精神活動，堪稱是人類行為的真理。

許多人常對別人的成功，妄下這樣的評論——「那小子運氣真好！」或「真是個天才！」這樣説法，彷彿他們的成功是理所當然，不值一提。

事實上，憑藉運氣而成功的機會太少了。

外人看到的只是他們成功時的歡欣雀躍，殊不知他們是經過如何的一番掙扎，與艱苦的奮鬥。

亦卽説，天下沒有不需付出代價的成功；因成功不應只是形式上的成果，它也包括內心微妙的感受。任何事情，不管您付出多少，都能在內心深處獲得相對的代價。

不瞭解這個道理的人，會把別人的成功歸之於運氣；而自己也夢想同樣的運氣，而終於使一輩子在期待中渡過，也放棄了成功的權利。

假若您還在等待運氣，那及早醒悟吧！或許還有成功的機會。

✤如果要找人辦事情，找一個最忙碌的人，是讓事情完成得又快又好的方法——拿破崙

「我的字典中，沒有不可能的字眼」，說這句話的拿破崙，一天只有三小時的睡眠，過著超人般的生活。無怪乎他要認為愈忙碌的人，處事能力愈强。

這句話乍看之下，或許令人不解；但仔細觀察，不難發覺我們週遭的人群中，為工作而忙碌的人，都有相當强的能力；而終日悠哉清閒的人，往往是含糊過日的。

因此，把工作託付給忙碌的人吧！因這種人重視自己的能力，必然會以認真的態度，來處理您託付的任務。這就是他們可以完成得又快又好的道理。

但這也必須經過客觀的衡量，而以他的能力所及範圍為前提。

大概每個人都有過這種經驗；本來並非能力所及的事，但卻憑著堅定的信念，

意外的完成。

這也正說明著，一個有能力的人，在承擔了某種工作之後，會按工作量的需要，而提升自己的能力；或以突破性的處理方法；如此，往往會使事情有超乎想像的效果。

所以，不要因忙碌而拒絕工作；更不要以忙碌為藉口來推卸工作；須知，許多新生的力量，都是從百忙之中歷練出來的。

而拿破崙能說出這樣的一句話，表示他已透澈地瞭解人類這方面的潛在能力。

※當您爲向客人低頭而生氣時，
不妨假想您低頭對象是金錢，那一切都可以忍耐了——岩崎彌太郎

岩崎彌太郎於一八七一年，成立三菱商會；也可說是奠定今日三菱財團基礎的功臣。

他出身於武士之家，明治維新時代，在商業界有所謂士族的商法；其中經營失敗的武士不勝枚擧。而三菱資本卻一枝獨秀，出人意料的成功了。這該歸功於岩氏的商業思想與原則。

第四章　苦惱時

這個人善於使自己的經營方針，配合政府的動向。他從事企業經營，開始於廢藩置縣之際。當時因接收了藩船上的所有東西，於是，利用此隻藩船，開始了他的海運事業。

後來因一八七四年的中日戰爭，及一連串的對外戰爭，一手包辦軍事輸送的工作，而獲得巨利。以後又在政府的明令保護之下，迅速地擴展事業。

這句話，對於當時一些武士出生的人，是相當具有挑戰性的。雖然那時維新政府已成立，但士族觀念卻仍根深蒂固；他們把自己和一般庶民的階級，畫分得相當清楚。

而在三菱公司聘請的優秀職員中，仍有許多貫徹武士精神的人，他們無法放棄潛意識的優越感；並且由於自尊心的作祟，即使穿上了三菱公司的制服，他們仍舊不情願向顧客低頭。

他說這句話，主要即針對職員們的心理障礙；而讓他們感受到時代的變化，必須適應社會上的一切型態才能生存。且既然下決心做一個商人，就必須拋棄無謂的自尊，拿出貫徹事業的熱情。

這句話，對於今日的商業社會，頗具教育的價值。

把這樣的一句話，拿來運用在現代商業社會，真是再恰當不過了。因個人的情緒問題，而對顧客亂發脾氣，以致把生意搞砸的例子太多了。

假若商業的接洽，能像朋友間的交往般的融洽，當然是最好的。但是人們卻常因不善控制情，而影響工作的效果。因此，當您面對顧客，卻又無法按捺情緒時，不妨想想這句話的哲理，必能頓時豁然開朗。

✿幸福的秘訣，並非努力地去尋求快樂；
而是在努力的過程中，發現快樂——紀德

紀德曾在一九四七年得到諾貝爾文學獎，是法國有名的作家。他的小說集『窄門』，出版後曾掀起熱門話題；另有許多長篇小說，皆以尋求人類的靈魂自由為主題。他的每一部作品都以一個新主題，擺出向這個世界挑戰的姿態；堪稱二十世紀評價最高的作家。

人往往因要獲得幸福，於是就設定一個目標；以為只要達到這個目標，幸福就垂手可得。

事實上真是這樣嗎？追求著那個預定的目標就能找到幸福嗎？

人生努力的過程中，到達目標只是在最後的剎那；卽成功就在那瞬間之際；倘若汲汲發發於那個目的地，甚至以為那就是幸福所在。那麼此人可說大半輩子都將在不幸中渡過。

所以，要創造美滿的人生，就應從努力的過程中去發掘喜悅。

努力的過程必然是艱辛的，而從艱辛的奮鬥及痛苦的掙扎中，發掘領略的喜悅；不僅能得到一種肯定生命的幸福感；並且減少奮鬥過程中的辛苦，也可提高工作效率。

相反地，如每天以不耐煩的心情去面對工作，心中老是充斥著厭煩與排斥；而支持繼續工作下來的力量，只是抵達目的時的快感。那工作必然會遭到一連串的挫折，努力的過程也會加倍的辛苦。而一旦抵達目的時，將只會失落、茫然，精神不再有所寄託。

所以，從您每天的工作中發覺喜悅吧！那麼不僅可加速完成工作，更可以由工作中體會生活的意義，進而肯定自己的能力。而這樣的人生必然永遠光明燦爛。

第五章　工作不如意時

❖要追趕工作，不要被工作追趕——富蘭克林

富蘭克林在他九十四年的生涯中，從事了許多多姿多彩的工作。

他在十八世紀初年，隨著家人移居新大陸。他是老么，家中有十五個孩子之多，家境自然也不太寬裕。十歲時就休學，在印刷業當學徒。這位「努力的專家」，從沒有以印刷工人為終生事業的念頭。他一直比別人更加倍的努力工作，終於在二十三歲時，買下了賓夕凡尼亞州的報社，開始各種事業的創立。

四十四歲就擔任了州會議員，是美國獨立運動中的活躍人物，也參與獨立宣言及美國憲法的起草；七十歲時擔任駐法大使。

而富蘭克林不僅以企業家、政治家而聞名。他也精通科學，在科學史上有許多偉大的貢獻。

三十六歲發明烤爐，四十六歲時發現雷電原理，後來據此發明了避雷針。

像他這樣在各方面都有輝煌成就的偉人，他的成就即是不被工作追趕，而自己去追趕工作的最佳證明。

而為了達到追趕工作的原則，我們的努力也需畫分幾個階段。

首先，對工作的進度需有精密的計畫。其次，要研究出最有效率的辦事方法。第三點，即預定的工作需在當天完成。最後則必須下定決心，比別人加倍努力，比別人做得更多。

能做到這些的話，絕不是被工作追趕，而是處於追趕工作的地位。

經常聽到別人神氣活現地說：「好忙！等待我去處理的工作有一大堆。」乍聽之下，似乎忙得令人感動，實際上卻不值得苟同。

因為他們並沒有主動地迎接工作，而是被工作追趕得走投無路，才無奈地接受。在這種情緒下做出來的事，看似處理得迅速妥善；仔細探究內容可能雜亂無章，顯不出事情的效果來。

追趕著工作，以超速度去實行它的成績，是不能與充裕準備後，妥善處理的效果，相提並論的。

◇不滿工作的情緒，就像一把兩面的利刃，向前推移，會成爲發展的原動力；若朝相反的方向，則會使工作效率低落，而爲自己招來不幸；它的微妙，就像是劇烈的藥物，取用是否得當，可決定人類的生死——柏那

柏那曾在多倫多大學擔任販責心理學的教授。

本來，人類不滿現狀的心理，是文明進步的推動力。也就是說，以改變現狀的意願，來刺激發明。

但對工作不滿的情緒，是相當微妙的。通常我們在社會上看到的，都是因排斥工作，而漸漸失去工作效率的情形。相同的，這種工作情緒低落、缺乏幹勁，也成為刺激人走黑暗道路的力量。

這是由於個人不滿情緒的積壓，然而又無法突破工作崗位的範疇，於是產生反效果。

這是種非常自然的反應，當您對某種工作失去興趣，但又無法做有效的改善時，定會萌生自暴自棄的念頭，也失去對那份工作挑戰的意欲。

要妥善掌握自己的情緒，巧妙地運用這種不滿心理，作為進步的催化劑。

不要光把這種不滿表現在外表，應盡量探討突破這層心理障礙的妙方。事實上，在今日追求企業目標的組織，需要研究的並不只這些。

所以，不要刻意去記取別人的過失，及外界事物帶給您的困擾；因這些都是不滿情緒滋生的原因。

當然，不可能有人完全滿意自己的工作；但是，卻常要妥善處理不滿的情緒，否則一不小心，就會有出人意外的結果。

常有人抱怨著，「這份工作我不感興趣」，這時應該探討不感興趣的原因，並衡量個人的能力，以期為自己作最大的改善。

在冷靜分析的過程中，對工作的不滿是工作的問題，或純粹是受到情緒的影響。

有時經過理智的判斷，還能矯正原本錯誤的價值觀。掌握了問題的癥結，只要妥善地控制情緒，不僅可治癒忿忿不平的心理，並且向人生邁進一大步。

假若是工作方面的問題，當然就需要有壯志斷腕般的決心和勇氣；然而一切不可操之過急，慎重地選擇有意義的工作，全心投入；把握人生的方向，時時以前車之鑑為惕。

如此一來，對自己的選擇將會毫無怨言的付出。或許在不久的將來，仍舊會產生不滿工作的情緒；但那是一種進步的表徵，它說明著您又達到了某種階段：這時您就可以抱著超然的態度，再去尋求另一個突破的方式。

倘若每個人對工作產生不滿的心理時，都能有如此透徹的瞭解；那麼就可以這股澎湃的情緒，作為進步的動力，對自己將有莫大的助益。

✤以服務顧客爲主的事業會發展，以盈利爲主的事業會失敗——亨利福特

人拼命發展事業的意義是什麼呢？當然是為利益。但假若純粹以追求利益為目標的話，這事業定無法繼續發展。

藉著這個事業，將對社會產生何種貢獻？假若缺乏這種關係，這項事業對社會而言，已失去存在的價值。

消費者的心聲，在這個新時代中，已普遍受到社會的重視。這句話早已為所有的企業經營者所承認；但到底有多少人是由衷地以服務為目的呢？

這句話即亨利福特針對這點，在本世紀初所提出的事業哲學。

去世於一九四七年，享年八十三歲的亨利福特，卽以這種企業哲學，建立起全家汽車大王的地位。

福特起初服務於底特律的愛迪生公司，擔任主任技師的職位。

四十歲時就建立了每週生產兩萬輛的福特汽車公司，此時相當於一九〇三年的日俄戰爭的前兩年；此後，他的事業更加蓬勃發展，到第二次世界大戰前，每週產量已逾二九〇〇萬輛。

在福特的理想中，要達成高效率，必須大量租賃，以增加生產。他不光只是在心裏計畫，更以行動來實踐理想。並且提高員工所得，一九一四年，福特公司的從業人員，每天至少可得五元美金。

其次，他認為以高效率支持大量生產後，就是降低商品價格，以求達到服務社會大衆的目的。

他的企業哲學，並非以賺錢為目的；旨在利用企業經營所得的利潤，來改善從業人員的家計生活。並將商品的價格降到最低，以提高人民的購買力，也使商品能為消費者帶來生活上的便利；達到造福社會的最終目的。

這就是福特之所以獲得社會大衆支持的原因，亦即福特汽車公司發展的基礎。

這種為社會大衆服務的意識，不僅企業經營的領導者該有的信條，也是站在營業第一線的業務專員們，不可或缺的信念。

假若您只是個領取月薪的職員，不要因認為自己貢獻的作用，而輕視這份工作。只要您在工作崗位上盡忠職守，那麽不管您從事的是文化教育事業，或是商業活動，對這個社會都有不可抹滅的功勞。

◈人會很自然地變成他所穿的制服中的類型——拿破崙

在十八世紀〜十九世紀之間，把法國建立成歐洲最强盛的國家；這位偉大的軍事天才，又以具有敏銳的觀察力而出名。

由現在所舉的這句話，就可看出他銳利的眼光之一斑；並且道盡了人心的奧妙。

人會隨著他所穿著的服裝，而改變情緒；例如穿著整齊的服裝，心情必然隨著緊張，而慎重其事；穿著輕便的運動服，心情必也隨著輕鬆自如。

相同地，假若身穿邋遢的衣服，行動必會跟著怠惰苟且，而精神則懶散消沉。

人類的潛意識中，會本能地產生配合服裝的意念，這件事看似微不足道，但它的力量卻相當驚人。

尤其是業務專員們，在訪問客戶時，更需要注意衣著；這不僅為留給別人良好的印象；也為自己內心的感受。服裝就是一般微妙地控制人的心理。

休假時，無法開懷玩樂的人，也無法盡心工作——溫德爾

溫德爾是十九世紀的美國詩人，擅於隨筆雜談。

溫氏原本習醫，在哈佛大學擔任解剖學教授；詩文、隨筆，可說是業餘的消遣，沒想到卻因此而聞名。

他所說的這句話，非常具有教訓的意義；也就是說，不管是休閒娛樂或工作時，都應充分的把握時間；當然，這有賴靈巧的腦筋來變換情緒。

當我們看到一個勤勉工作的人時，可能會訝異於他充沛的精力；因為他所表現的，永遠是那麼神采飛揚，對工作充滿興趣。

但仔細觀察，他們真是這樣日以繼夜的工作嗎？不！他們熱愛工作，並且細心地安排各種休閒活動來消除工作上的緊張；他們從工作中找到生命的真諦，又從娛樂中建立對工作的信心。

人本來就不可能把精神集中在某一件事，而貫徹一生；因此，適當的娛樂，是調劑身心不可或缺的方法。

突破妮妮的性格吧！遊戲時，盡情地玩樂；如此不僅能達到調劑身心的效果，也可促使下次的工作更加專心，更具效率，實是一舉兩得。

相反地，有些人休息時心中還惦記著工作；一面遊戲，一面掛慮著未完成的工作；而面對工作時，卻又心想玩耍；如此豈不兩敗俱傷？

這位醫學家兼詩人所說的這句話，主要是告訴我們，在今日繁忙的社會中，時間管理相當重要，而潛在觀念的轉換更需確實把握。

◈要使別人跑得快，首先需要自己一路領先——瑞典諺語

有些人什麼事都不動心，卻要求別人做得又快又好。

今日企業機構中，有許多擔任管理職位的人，常會有這種命令別人的作風。但這種人所發下的命令，屬下通常是敢怨而不敢言。雖然無奈地實行，卻永無法得到部屬的信服。

久而久之，屬下會有陰奉陽違的傾向，而潛在的反抗意識日漸加深；他們可能

在心裏嘀咕著，「自己什麼事也不做，就光會發號施令」。一旦有了這種情形，公司還談得上什麼同舟共濟、鴻圖大展嗎？

身任管理職位的人，不要只想到部屬與上司的關係；與人和睦相處的關鍵，就在於超越世俗眼光的一切限界。而領導的訣竅，並非嘴上的吶喊；實際行動往往會有令人意外的效果。

就拿商品的交易來說；假若光是對顧客說，這個東西很好，真的很好。如此能說服對方嗎？

這時您必須具體地舉出商品的好處在那裏；最好能以實際行動來證明商品的效用。當然，這和指揮別人的道理是相通的，實際行動更具有說服力。

❖假若只是需要一份工作的話，那這世上的職業太多了；但問題是人必須選擇一份有意義的工作——亞伯特．史懷哲

「選擇有意義的工作」，提起這有意義的工作，再也沒有人像史懷哲博士，如此地忠於自己的選擇。

他在一九五二年獲得諾貝爾和平獎，去世於一九六五年，終其一生，把九十四

歲的生命都奉獻於非洲蠻荒地區的醫療工作。

這個人具有多方面的才能，起初在柏林、巴黎等神學院修神學、哲學和音樂學。

他音樂方面的才能也相當卓越，是研究巴哈的權威；他的演奏曲，更是風靡全球。後來因立志到非洲從事醫療傳道工作，三十歲時開始學醫，只為貫徹自己認為生命中最有意義的工作。

三十歲可說是他人生的一個轉捩點，從此他以堅強的毅力，及畢生的精力，投注在他所熱愛的工作中；這些都足以說明他的不平凡。

這麼徹底地，使自己的生活完全由意志來支配，確實不是一般人做得到的。但我們也無須因無法比美他的崇高偉大而氣餒；在我們的能力範圍中，選擇有意義的工作，仍舊可開創出充實美滿的人生。

現在您不妨以客觀的眼光，來衡量一下自己的工作，它是否也在您的人生中，肩負著某種意義。

假若您是為薪水而工作，或認為這份工作無關緊要的話；那麼當然不可能體會出崇高的意境；而工作效率也不好，那還談什麼開拓未來呢？

人由於對自己職業的熱愛與追求，會自然產生一股工作的力量；這股力量也就是事業成敗的關鍵。

所以，一個人成就的高低，雖然不能否認有先天能力的差異；但面對工作時，出自於內心的熱情，及奮鬥的意志，才是最主要的因素。

❖所謂計畫，即現在對自己的未來所作的決定——德洛卡

巴彼特·德洛卡生於奧地利，曾在德、英等國研究社會科學；後來到美國發表了許多經濟學方面的作品；並被翻譯成許多種國家的文字，對世界各國有很大的影響。

東方民族一般都有這樣的觀念，「計畫總歸是計畫，和實際行動是有差別的」。

事實上，在我們的日常生活中，無法貫徹計畫的情形太多了。

以商業行為來說，通常只要能按照計畫進行，應該不會失敗；最重要的是決定的計畫，必須實行；先衡量自己的能力是否可辦到。

例如我們訂立明年的經營計畫，是在一年前決定一年後的行為；訂計畫最忌諱的就是遙遙無期的；因如此就可能像是開出一張無法兌現的空頭支票。

俗語說：坐而言不如起而行；計畫固然是一種起步的指標，但假若光是訂立計畫，卻無法徹底的實行，那也只有任由希望逐漸的成長，再慢慢地幻滅。試想，如此能成為掌握自己未來的舵手嗎？

假若訂計畫時，不能旁推測敲，只一味要使計畫內容轟轟烈烈；那麼此計畫將永遠成為可望不可及的目標。

認清這項原則，是計畫成功的先決條件；而擁有堅強實行意志的人，才能本著計畫，建立起充滿希望的未來，發揮計畫的真正意義。

◈這世上最快樂，最偉大的事，是擁有可終身從事的工作——福沢諭吉

福沢諭吉以創立了慶義塾而聞名。他為了使經過江戶時代三百年鎖國世界的日本，能早日趕上西歐各國的進步文明，於是獻身於教育事業，至死不渝。

擁有值得終身從事的工作；一旦信念動搖，即使那份工作再好，也無法以它做

為終身的職業。

但所謂終身的工作，並非要您在一家公司默默地熬一輩子。

它是要人們按自己所訂的目標，配合堅毅的決心來行動；例如您立志成為一流的銷售人才，當然，這必須要有濃厚的興趣來作為原動力，而在抵達成功彼岸的途岸，必會歷經無數的波折與考驗；但不管如何，這份職業永遠是您追求的目標與理想，在這個過程中，您也許會改變工作的地點，也許變換銷售的商品，而這些都只是表面的問題，並不影響您的實際工作性質。

社會上常有許多人因吃不了苦，而不斷地變換工作，或者以不適合自己為推託之詞；長此以來，非但使自己意志薄弱，無法承擔社會的考驗與磨練，更無法以工作來作為精神上的寄託，以致終身像失了根的蘭花，飄零惶恐而不知所措。

當一個人對工作感到沒趣，但為了生活卻必須勉強自己去做時；就猶如一個人感覺已失去生活的意義，徬徨無助，卻仍苟延殘喘地活著，那般地無奈……。

相反地，對工作充滿信念的人，不僅不以勞動為苦；工作在他們的感覺中，是精神上的最高寄託，也是快樂的泉源；由這點我們更能領會這句名言的深意。

✿所謂的組織，就是集合眾多的凡人，做出非凡的工作——比巴利吉

再也沒有比這句話，更能簡單明瞭詮釋「組織」的意義的了。

一般來說，五個有「×」能力的人，讓他們各自去發展，成果最多只是五個「×」。

但是，一旦把這五個人集合成有機能的組織，讓他們在一個安穩的環境中，展現自己的才能，所得到的效果往往是難以衡量的，這就是組織的意義。

然而，並非任何一種組織，都可產生如此令人滿意的成績。

如果一個組織不能有效的營運，只一味依賴，卻沒有相互扶持的意願；如此不僅無法達到預期的效果，反而拖垮組織中的每一份子。

也就是說，可能使五個有「×」能力的人，在相互推諉之下，只表現出三或四個「×」。

因此，組織必定是要有機能的，否則就如同一群烏合之衆了；但要使組織充滿機能，無時無刻生龍活虎般地向前躍動，並不是件容易的事。

維持組織的機能，需要各種因素的密切配合；其中最重要的是，組織中每個人

的自覺意識；卽為了組織，要表現出比原來更多、更强的工作效率。

集合衆多有此種認知心理的人們，自然可創造出一番不平凡的作為來，這就是組織的真正意義。

愛柏特·比巴利吉是美國的政治家；經過一番苦學，終成為一名傑出的律師；三十七歲就當上眾議院議員；是個活躍於各項革新運動的人物。

✤愛惜寸暇，並善加到用它，是在任何戰鬥中獲勝的秘訣——加費爾得

加費爾得曾在十九世紀期間，當選了美國第二十任總統。

他原出身於貧窮人家，本著一身傲骨與卓絕的意志，終被列為立志傳中的名人。

通常我們都會有種心理；十分鐘能做什麼呢？抽根烟、喝杯咖啡，或者聊聊天都不夠呢？於是，在不知不覺中，我們的生命就如此被十分鐘，接著十分鐘地揮霍掉了。

當然，人也需要有休閒活動；但過份的消遣或不正當的娛樂，就是浪費生命，這種道理是每個人都耳熟能詳的，但是仍有多少人毫不吝惜地放棄十分鐘，久而久

之，也就變成放棄一天，一個月，一年，甚至一生……。

不錯，有些事情並不是利用十分鐘、二十分鐘，就能夠完成的，但每份短暫的時間，由於個人不同的利用技巧，都可能產生截然不同的效果。

譬如你可以在短短的十分鐘內，寄張問候卡給商業上的朋友，或計畫一下明天的行事曆……，這些微不足道的小事，都可能為您的人生帶來很大的改變。

因此，能不能善加利用短暫時間，端視個人是否具有長遠的觀察眼光。

這是個時間就是金錢的時代，能妥善管理的人，才具有領導群衆的資格；因許多人在不知不覺中蹉跎終身，而您卻將零碎的片刻化成永恆。

❀機會久等不來時，您就應該自己去創造了——史麥司

史麥司是十九世紀英國有名的傳記作家。專門描寫那些以堅强的意志力，克服一切困難而完成大業的偉人，並為他們立傳。

他的作品『百助論』，已被翻譯成十七種語文，成為暢銷全球的著作，頗受文藝界的好評，並刺激世界各地青年的理想和抱負。

史麥司所說的這句話，只是從衆多的成功者身上發現了一個共通點，有感而發的一句至理名言。

也就是說，一般人的成功，無非是本身的才能、努力，加上機運。

但機會會從那裏來呢？仔細檢討成功者之所以成功的原因，您將發現，機會不會自己找上門，它必須以積極的行動去創造。

這句話也可以從這裏得到證明；很多成功者都是由於偶然的機會而改變了一生；但這個機會卻包含許多不足為外人道的辛酸，它可能是由一連串的挫折貫穿而成，也可能是一份堅忍的毅力，也可能是一些積極的行為；當然，更可以是包括了這三者。

在哀嘆自己命運不好之前，不妨先費點精神，試著尋找抗拒的方法。

在日常生活中，就應培養自己創造機會的能力；即使無法因此掌握一些實質的東西；但擁有這種毅力，也可說是更向成功邁進了一大步。

◇所謂培養生存的技術，即是設定一個攻擊的目標，而將所有力量集中於此——安多雷假若提出這個問題——「您對人生的目標，有很清晰的理想與意識嗎？」有幾人的答案是肯定的。

當然，像建立美滿的家庭，或在工作上好好發揮等……，都算是生活的目標與希望。

但若光有熱情的期待，卻沒有同樣熱忱的態度；那麼希望都變成渺茫了，也不足以稱為目標。

在此競爭的社會中，所謂生存的技術，卽先決定攻擊的目標，然後全力以赴。有些人常埋怨，不管做任何事都不順利，實際上乃因自己本身意志薄弱、渾渾噩噩；並且目標不堅定，而常見異思遷。

這種做事不訂計畫，更別提按照計畫了；見到一件新奇的事物，就隨著自己的興緻去做的人，是難以成功的。畢竟人生是門很深的學問。

訂立目標，就一定全力以赴；這是一個欲達到成功境界者的基本態度。說這句話的安多雷，去世於一九六七年，享年八十二歲；是位傑出的傳記作家，也是位評論家。而他在各方面的藝術眼光也受到世人的肯定。

除此之外，他還在一九〇三年接受邀請到美國布林斯頓大學當講師，並獲得一

致好評。彼時美國當局極力邀請他繼續留在美國任教授職；然而他卻毅然決然回到法國。那時正值第二次世界大戰前夕，歐洲正陷於膠著混亂的局面中，如果他接受邀請，留在美國，那麼可繼續他平靜安逸的執筆生涯。

但安多雷卻認為既然生為法人，就不能為個人安逸的生活而逃避應負的責任；更何況生為一個評論家，更應該抬頭挺胸地面對一切橫逆。

安多雷對於個人的情操也有很高的期許，他以傳記中的偉人典範，作為學習和努力的目標。

為自己設立一個目標，並忠於自己的選擇，不屈不撓地朝著目標努力。

◇所謂的才能，乃源於卓絕的忍耐力——愛爾馬・霍依拉

常聽人說，「那傢伙很有才能」；當他吐出這樣的評語時，儘管他的態度如何不屑；但潛意識中還是認為此人頗具天分、才幹，並有份「任我們如何努力，也無法趕上他」的無奈。

其實真是這樣嗎？才能難道是與生俱來的嗎？真有人得天獨厚，不需花費苦心

就可成功成名嗎？

或許確實特別具有藝術方面的天分，但是怠惰卻足以抹殺天賦。

而商業方面的才幹，更需要從不斷的挫折和失敗中獲得經驗，從每一次商業活動中逐漸累積而來，而這一切都必須仰賴堅强的忍耐力。

任何才能都不是天生的，都必須本身下定決心，並抱定忍受一切考驗，而後才能自然產生。

因此，不要自認無能而妄自菲薄，才能是訓練出來的，就像天才也需發掘一樣。

只要閱讀了史上偉人的傳記，就可以知道他們是以怎樣的耐心，來堅持最初的決定；而他們的成功又是付出了怎樣，更可知道什麼才是邁向成功的途徑。

※一個人如果覺得工作快樂，人生就像是樂園，如果他把工作視爲一種義務，那人生就猶如地獄般地痛苦——格利

格利是活躍於十九世紀～二十世紀間的蘇聯作家；他出生於木匠之家，自幼失

去雙親，靠自己當臨時工人以維生，也曾當過碼頭工人，及在餐廳洗盤子等卑賤的工作。

這位被稱為蘇俄文學之父的作家，也是社會主義的創始者；而他最值得一提的是，在飄盪落魄的生活中，仍不放棄强烈的求知慾。

他小學只念了五個月就輟學了，後來全靠自己的進修，他更深入研究馬克斯主義的各種文獻，這些都為他奠下了痛斥蘇俄知識階程分子的基礎。

這句話非常適用於社會主義的理論；一個人的整個生命中，通常工作佔了三分之一多的時間，而休閒娛樂佔三分之一，剩下的三分之一則是睡眠時間；工作既然在人類生命中扮演如此重要的角色，那如果對工作抱持著不情願的態度，則生命中已有三分之一將是非常黑暗的。

反之，如熱愛工作，自動自發而樂觀進取，對上司、對屬下都有同樣誠懇的態度，如此不僅有助於事業的發展，對整個人生將有重大的改變。

那麼該如何才能快樂地工作呢？因每個人所處環境不同，所以並不能一概而論；基本上每個人都需擁有快樂進取的人生觀，其餘的就端視個人如何巧妙地加以運用了。

要找出閒暇最好的方法，是先要規規矩矩的工作——希爾頓

希爾頓生於十九世紀，是瑞士有名的歷史學家，也是法學家，晚年曾擔任樞密院的議員，他的著作有『幸福論』等。

這句話對於忙碌的現代商人有很好的啓示作用；的確，有很多人常埋怨自己太忙碌，沒有閒暇；事實上，若仔細觀察他們的實際工作情形，其工作態度是散漫，甚至不切實際。

當這種人受到質詢時，他們又會替自己找出藉口，說什麼本身有計畫，無奈工作量太多，以致無法掌握……。

其實只要工作有一定的規律，對於任何範圍的工作都作妥善的時間管理，那自然能很容易地找出閒暇；由此我們也可以瞭解那些老是標榜自己如何忙碌的人，通常都是不懂得將時間作合理的安排。

第六章

人際關係不順時

✿和對方面對面談話，是消除彼此惡劣感的最好方法——林肯

這與我國的一句諺語「見面三分情」頗有相通之處。

通常我們對於不太有好感的人，往往是盡量逃避或視而不見；但此種作風卻常更加深雙方的嫌隙，也更加深彼此的誤會。

與其採取此種一味逃避的態度，還不如强忍一時的尷尬，直接與對方溝通；那麼卽使無法立刻解決問題，也可預防誤會繼續加深。

大凡人與人之間的交往之所以會產生誤會，都是由於不瞭解對方的立場；假若在這個時候能面對面坦誠地陳述自己的立場，必可促進雙方的溝通與瞭解。

在商品的買賣方面，也是同樣的道理；當我們展售一件商品時，卻不能為消費者接受；假若我們因遭到拒絕就忘記了推銷員應具備的態度，那不僅失去一樁生意，可能是永遠失去一位顧客。

而講話含糊，不著邊際的推銷員，往往最容易招惹消費者的不滿。

林肯乃美國第十六任總統，他以廢止奴隸制度而舉世聞名。

這句話就是在因黑奴問題而爆發的南北戰爭期間，美國政府對於主張黑奴制度的南方民族，作嚴厲斥責時，林肯總統對北方人民所發表的談話；他說：「不要責備他們，如果今日我們處於他們的立場，恐怕也會這麼做。」

即使在利害關係如何嚴重的情況下，他仍不忘瞭解、體諒對方的立場，真不愧是偉大的政治家。

✿如想獲得別人的好感，必須先學會炫耀自己的優點——巴斯加

人就像迎風搖曳的蘆葦般地微不足道，唯獨因人是懂得思考的蘆葦，故而顯得偉大。

留下這句名話的巴斯加，不僅是法國有名的演說家，更是位傑出的科學家，他發明了水壓的原理，以及氣壓的存在等大自然間奧妙的原理。

這位科學家不僅專注於宇宙自然原理的探求，更將敏銳的觀察力朝向人類的行為，也因此寫下許多片斷文章，死後被整理為『思想集』，這句話只是其中的一個小片斷，但卻說中了人類微妙的心理。

在日常生活中，您可能也常遇到某人有意無意地吹噓自己的能力與才幹，這種

自我推薦的方式，無非是想讓對方肯定自己。但站在聽者的立場，他說得愈起勁，愈會導致別人的反感，甚至認為此人無聊透頂。

這種口頭上的自我宣傳方式，不管有心或者無意，都足以產生反效果；周圍的人可能因你此種自我吹噓的膚淺態度，而遠離你，甚至看清你。

當然，這也並非說要您隱藏自己的優點，它只是要您換個方式來表達；即以行動來表示。

以嘴巴來表達，當然簡單俐落，但卻令人不屑一顧；以行動表示雖然較緩慢，卻能使人因此衡量出您真正的價值，更敬重你。

✤在世界上，最會拍自己馬屁的人，往往是自負的典型

——拉羅修福克

拉羅修福克是十七世紀的名門貴族。他的著作『箴言集』，每一句話都銳利地探測著人心的虛實，在法國的文學史上有很高的評價；這是從其中節錄出來的一句話。

他告訴我們，自負的心理大都由於聽多了自己對自己所說的甜言蜜語；因為此種聽來舒服，容易使人自我陶醉，自以為是。

他這句話，對於人性的弱點有相當透澈的諷刺。

當然，一個人要完成某件事情，自信是相當重要的，但過份的自信，又往往是導致失敗的原因。

有些人經過幾次的成功後，就自認是個優秀的人，甚至對自己說盡甜言蜜語，如此一來，常常被自負沖昏了頭，而這樣的自負心理，又會在潛意識告訴自己，我是最優秀；目睹別人失敗時，也會幸災樂禍地說：「要是我的話，早就辦好了。」這樣的話雖是對自己最有力的讚美，但日積月累後，自負已變成可惡的驕傲；

而觀於自己的能力，只有自己主觀的相信，卻得不到別人客觀的肯定，自己益加陷入矛盾的情緒中，此卽悲劇的開始。「自以為是」，「自以為了不起」，周圍的人定會以如此不屑、不滿的眼光來斥責你。

缺乏自信的人，可能時刻像戰敗的公雞般地垂頭喪氣；但若由自負心理的作祟而為所欲為，也是相當危險的。

這句話告訴我們，妥善地控制自負心理，可以使自信心更加堅定而成熟。

✤我們要衡量某人的爲人處事，及聰明與否，只要觀察其四周的人就可一目了然——馬其維利

馬其維利是十五世紀～十六世紀，活躍於義大利佛羅倫斯城的著名外交官。他在當時小國林立的義大利，親身體驗政治上的種種利害關係；更綜合寶貴的心得，完成了不朽的著作『君主論』。

這裏所擧的這句話，只是「君主論」中的一小節，他雖是針對當時的君主而言，卻適用於現代社會中的老闆，以及周圍的每一個人。

也就是說，只要觀察屬下的待人處世及工作態度，就可反映出上司的一切。領導者通常都喜歡用自己成功的行徑來管理屬下，並且有這樣的傾向，卽不用比自己能力强的人；因此，造成了專門收留些才智平庸者的傾向。

事實上，一位傑出的領袖，往往是不忌諱網羅能力高於自己的屬下，集合他們卓越的才智，及堅强的戰鬥力，無怪乎他們要成為商場上的巨擘。

俗語說得好，「會用人的用人才，不會用人的用奴才」；試想，集合了衆多優秀的人，以及收容一群平庸的人，其發展的路線將會如何的懸殊。

所以，只要觀察屬下，就可衡量出上司為何等人物，其意義就在這裏。

結交一個知心好友，是飛向幸福的最可靠護照——叔本華

叔本華是十九世紀德國的哲學家。他認為人是世上罪惡的泉源；這樣的厭世哲學，由如此傑出的思想家提出，不僅說明他對朋友的渴望，也印證了朋友在人類生命中是扮演著多麼重要的角色。

一個在書房中探索研究的思想家，尚且感到光靠自己的力量，無法開展命運，何況是在競爭劇烈的社會中，需靠妥善的人際關係來維持的商人？所以，能獲得一

位知心好友，不僅是成功的先決條件，更是確保幸福的護照。

但有一點必須注意的，好友雖是成功的必要條件；但是相識滿天下，卻常感到知音難尋。

如果朋友相交是基於利害關係，那麼只有相同目標的人，才會同流合污；如此的友情猶如建築在流沙上，有朝一日，終會因這種不正常的朋友關係而彼此毀滅。

反之，互相欣賞對方的人品，如此的友情沒有條件，也沒有利害關係；只有彼此信賴與照顧；一旦遭遇困難，友情的力量立卽顯示出來，而幸福更是自心靈中綻放的芬芳花朵。

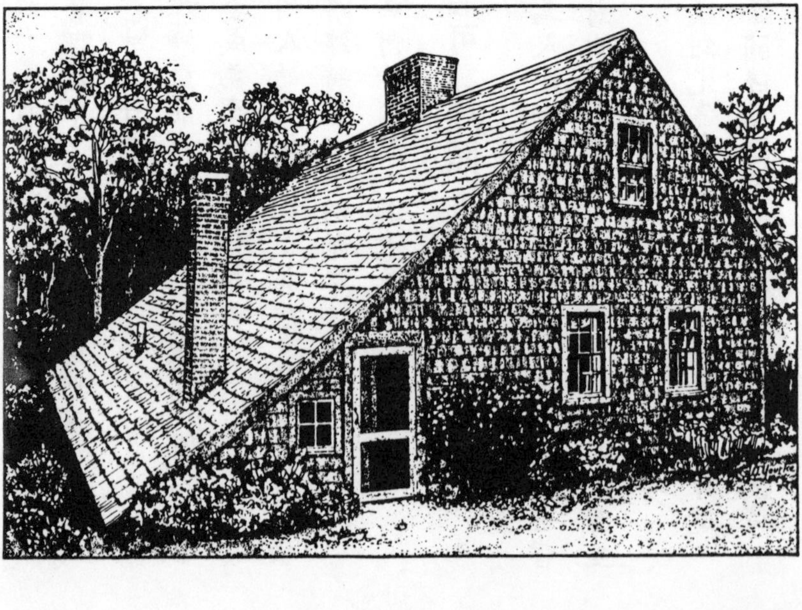

※不會樹立任一個敵人的人，也不會擁有任何一個好友——戴利生

戴利生 Dennyson 是十九世紀的英國詩人；他曾就對逝去親友的懷念，而整理了一本詩集。這本情感洋溢的詩集使他從此出人頭地，寫作才華也被世人所肯定。

由此種種，更可看出這位感情豐富的人，並非和大多數人淺交，而是和少數人深交的類型。

這裏所說的敵友關係，正貼切地反映著今日現實社會中複雜的人際關係。當然，和每個人都和睦相處，不刻意樹立敵人，是值得讚揚的；但假若真有這種人，那他的朋友中必有一部分人被他八面玲瓏的交際手腕所欺騙；而一旦這種偽善的虛假面孔被人所揭發，朋友也將一個個地遠離。

主要是人，都會有自己的主張，而這主張有贊同的人，自然也會有反對的人；倘若在緊要關頭，您卻不能堅持原則而苟且妥協；那麼您雖然可以避免得罪小人，卻難保不失去真正的朋友。

因此，雖然不須刻意樹立敵人，但是，當面對某些無法妥協的人，不得不與他對立時，也不需畏懼製造敵人。

抱著所謂人人皆足以為友的親善主義，結果將永遠無法得到值得信任的朋友。

✿人的惡行中，最可怕的是源於卓越的才能；而因此所受到的憎恨與殘害也最深——拉羅修福克

惡名昭彰的人，往往備受世人的唾棄，甚至理所當然地被人們認為不屑與之交往。

但比那些為非作歹的人，更容易招致世人懷恨的，竟是優秀而才能卓越的人。

我們經常感到納悶，為何那麼能幹的人，卻沒有良好的人際關係？

仔細觀察，那些頗具才幹的人雖然成功成名，但卻忽略了來自四周與日俱增的仇視眼光。而這些都是由於自己的專橫拔扈所引起。

就拿企業經營的人，稍有成就的公司負責人，常自負的想著，「這麼多屬下都得靠我吃飯」，於是不知不覺中步上了為富不仁的途徑，也為自己埋下禍因。

因此，他們卓越非但沒有為社會造福謀利，反而比作姦犯科的人更嚴重刺傷別

人的心靈，導致四周强烈的怨恨，並因此為自己帶來嚴重的不幸。

一定有人會提出抗議說：「我依照自己的才能做事，您們根本無權說這種話。」

但是，您是否曾經想過，當您因鋒芒畢露，無情地傷害別人而導致人際關係惡化時，受到最嚴重傷害的人是誰？只有自己。

❀要獲得良友的唯一方法，首先要使自己成為別人的良友——愛默生

愛默生是十九世紀美國的思想家，苦學於哈佛大學，畢業後獻身牧師行列，後來因反對教會的形式主義，而辭去牧師的工作。

這句話是針對著人類最容易忽視的人際關係而發言的；也正說明著友情是在相互依存的關係下成立的。

經常有人說，我找不到好朋友；假若您碰巧也有這樣的苦惱，那麼您不妨稍改變一下人際關係的角度，慷慨地先使自己成為別人的好友。

當然，人與人之間的友情並非一廂情願，但您必須先伸出真誠、友誼的觸角，來探測你朋友的方位；如此不僅使自己生活在安詳的天地中，也擴大交際圈；這是

結交好友的最正確方法。

假若你向來不曾有過良好的人際關係，而您又有心改變這種情形；那麼就應先反省自己待人處世的方針；從細心的觀察檢討中，逐步改進自己的缺點；也督促自己更邁向圓滿的人際關係。

◈在你面前批評別人的人，也會在別人的面前議論你——西班牙諺語

這是經常發現的情形，也是每個人都瞭解的道理；但卻有很多人仍無法記取它的教訓。

批評第三者，常是基於一種發洩的心理，以它來消除心中的不悅。

但這卻是需絕對避免的方式，因他能夠和你批評第三者，當你不在場時，你就是他批評的對象。

在日常生活中，因為這些不值得的芝蔴小事，而弄砸人際關係的情形太多了，因此，我們能不引以為鑑嗎？

隨便開口議論別人，不僅顯示自己的膚淺，更是像自己招來危險一般地愚昧。

因此，當有人向你訴說第三者的壞話時，您用不著瞎起鬨，只要以他的評語來

警誡自己，以預防自己有朝一日也成為他評論的對象就可以了。這是要在商場上立足應該學習的第一步。

※沒有任何一個有錢人，可偉大到不需要朋友——法國諺語

中國有句諺語說，「有錢能使鬼推磨」，乃在强調金錢的萬能。然而，錢或許可買到世上的萬事萬物，卻無法收購一份真摯的感情。當您有錢時，周圍可能會圍繞許多朋友，但您是否想過，這些人在您沒錢時，還會這樣如影隨形嗎？

真正的朋友，並不是用錢買來的！

那麼人能夠遠離朋友而生存嗎？有無朋友當然都可以活下去，但你想擁有充實美好的人生，就必須有同甘共苦的伙伴，有隨時為您的行為指出缺點的朋友。

友情的力量是神奇而偉大的。

但是人最大的悲哀，就是常迷信金錢的力量，以為只要有錢，就可以不需要朋友了。

當他得到名利之後，發覺週遭竟沒有一個稱得上是朋友的人，其內心的徬徨與空虛豈是金錢所能彌補的。

所以，追求充實的人生，不能因名利而忘卻人類最真誠的一面。

❖世上最應該約束，而最難約束的是自己本身；如果你善於控制自己，那麼約束別人就太容易了——貝克雷

如果有人認為管理自己並不難的話，那就表示他一直在縱容著自己。

管理自己的難處就在於無法冷靜的正視自己，就拿自身的個性來說，那方面該伸展，那方面該加以壓制，也常常都是當局者迷。

所以，當我們以為已做好自我管理的工作時，但總是忽略了最重要的。

細微情緒的變化，都會影響到與人應對的態度；假若平常都能注意到這些細節，那麼就可算是盡到管理自己的責任。

既然能管理自己，那管理別人當然更不成問題了；因能發現並面對自己的問題，則別人的問題，更能一目了然，而找出適當的應對方法，此卽所謂的「旁觀者清」。

能妥善控制自己情緒的人，其人際關係必然提升；因為和氣善良的人永遠是受歡迎的。

要管理自己，須先管理好自己，雖然這需要花費相當大的代價，卻可得到令人欣喜的成果。

貝克雷是美國一家週刊社的專欄作家，也是位企業經營管理的專家。「控制自己相當困難」，這是句頗發人深省的名言，尤其對商人而言，更是可貴的座右銘。

❖自私是一切不幸與過失的泉源——喀萊爾

喀萊爾是十九世紀英國的思想家。

他有一個很有名的理論，是「服裝哲學」，他認為人只要穿上某種制服，就會表現出屬於那種制服的特質來，因此，要觀察一個人必須脫掉所有制服，赤裸裸的觀察他，才能做出正確的評鑑。

這裏所舉出的這句名言，蘊含了一個重點，卽將人類的自私心作了一個最貼切的詮釋。

人沒有不自私的，就因為此種心理，而常常做出傷害別人的行為。

但在團體社會中，人是相互依存的；因此，自私的心理需要絕對的控制。試想，如果每個人只顧慮到自已的感受，並且有意無意地妨礙到別人的言語或行動；那麼豈不是不出三天，就會使整個社會制度崩潰。

自私是可惡的，是人際關係中的大敵，這乃人人皆知的道理，然而要駕馭它並非想像中那般容易。我們常自以為把私心收藏得很好，誰知，它又在不知不覺中探頭；而在這種毫不自覺的情況下，它常引導我們做出不可思議的事情來。

而人際關係也就在此種情況下，逐漸地產生摩擦、裂痕；自私是無孔不入的，站在營業第一線的人，更應該盡全力對抗這種要不得的心理。

從現在起，銘記私心所為您帶來的不幸，在往後的日子，謹慎地掌握自己，不要再消極地任由自私心理來奴隸、擺佈您。

❖得志時要愼慮，不得志時要熟慮——禮記

這句話是說，人得志時，對於週遭向您提出的意見，更應該仔細加以判斷，以免功虧一簣。

不得志時，則常由於心慌意亂而六神無主，此時更需要深思熟慮，以免誤入岐

途。

禮記是編纂於漢初的儒敎精華，主要是記述古代的禮儀；而這句話卻對現代的商業社會有很深的教育作用。

就拿工作方面來說，上司指定您做某事，而您也完全遵照他的指示去進行，但是上司要求的只是結果，他不管您其中歷經多少辛苦；並且，當您達不到他的理想時，他可能憤怒地斥責——你到底在做啥？

這個時候不管您得志與否，要使自己心裏踏實，要對上司有所交代，就端賴自己的深思與熟慮了。

別人的建議與方法，只能做為參考；經過判斷所融合歸納的，才是自己的東西；因為成功時，可能有人陪著您笑，而失敗時卻必須自己承擔。

俗語說：「人生不如意事，十常八九。」得志時固然可喜，但也不可因此趾高氣昂；失意時，更應該找出病因，經過冷靜的思考後，往往會領悟出更可貴的道理來。

※辦事俐落的人，在為人方面不見得會有同樣傑出的表現——兼好

處事精明能幹，令人折服，但為人行徑卻令人不齒的，大有人在。對任何事情精打細算，以自己為本位，但卻對人冷淡，感情淡薄的，卽是這種典型；他們辦事能力很强，卻毫無人情味。

這種雖有能力，但眼光短淺，難成大事。

俗語說：「不受女人喜歡的男人，通常是缺乏人情味的。」很難成大器。

這裏所舉出與女人的關係，和今日的好色之意不同；只是由一個人對於感情的專注態度，而反映出其他方面的行為。

同樣的道理，缺乏人情味的人，總是令人不願意接近；而這個社會上光靠卓越的才幹，及靈活的交際手腕是不夠的；有時也必須表現出最真實誠懇的一面，讓您的感情自然的流露。不要因外界的羈絆，而使自己變成寡情的典型。

因贏得爭論，而樹立了某種眞理的例子，至今仍未有過；這種話只有小孩才會相信——阿力

這位法國的思想家，曾因著作了「幸福論」，而受到世界廣大民衆的支持。

到底人類從什麼時候開始有了爭論？大概從開始懂得表達情感，表達意念，就

存在的原始戰爭吧！而這種爭論乃基於堅持己見，使對方妥協的矛盾攻擊心理。其結果無論是何方戰勝，絕不能使輸方心服口服，反而樹立了敵人，並留下情感的癥結。

這種無法解決問題，卻使情感更加複雜的戰爭，早就該終止了，相信每個人也都明白這個道理；但是卻常在不知不覺任由自己的聲調提高，氣氛激烈；導致雙方都像怒吼的獅子，而失去了談話的意義。

處於營業第一線的人，更忌諱如此激烈的談話態度；有多少人因為此種無謂的論戰，而導致失職；當我們為那些人感到惋惜，更應引以為鑑。

說明自己的主張，適當地採取別人的意見，這不僅是營業人員應有的宗旨，也是社會上每個分子該學習的態度；何況截長補短，一向是最完美的組合。

尤其需切記，不要逞口舌之快，而毫不留情地攻擊對方；即使你因此擊敗對方，也無法得到任何成果；唯獨加深別人對您的怨恨。

✿短短的幾句話，就可表達自己的意思，這是大人的特質；而小孩則是說了許多話，卻仍無法使對方瞭解——拉勞士福古要將自己的意思傳達給對方，通常有兩個要點。第一、要讓別人瞭解之前，自己必須徹底的瞭解。第二、要懂得如何配合對方；考慮以何種方式來表達，才能使對方接受。

如能體會以上兩點，且加以妥善運用，那就是個說服力很強的人囉！

而所謂說服力，並不在於說很多話；它是要在短短的幾句話中，明白地傳達自己的意思，當然，也使對方接受與瞭解。

也只有具備了這種能力，才有資格稱為大人；而這種能力乃是從平常溫和待人的態度中培養出來的；相反地，一個人若嘮嘮叨叨的說了許多話，但卻不得要領，且缺乏表達的主題，任憑他敍述了老半天，對方仍然不知所云，甚至對他起了厭惡之感；那這個人大概連自己也不懂，到底在說些什麼？

初接觸業務工作的人，常常容易犯這種錯誤，即聽到了某些自己不懂的話，尚未經過吸收消化，就急著現買現賣；如此不僅無法說服對方，甚至讓別人誤以為自己始終是個語無倫次的人。

人類的溝通，貴在瞭解；在瞭解別人之前必須先瞭解自己；而要求別人瞭解時，先要自己去瞭解，此乃邁向人生旅程的第一步。

◇親切的態度是聯繫社會的項鍊——歌德

這是一種很自然地反應，當您感受到別人親切的態度，您會回報以同樣的親切；於是，社會上安詳寧靜的氣氛在擴大，並聯繫整個社會而形成一種優美的人際關係。

因此，親切的態度，不是某兩個人之間的專利，而是具有向整個社會擴展的微妙力量。

提及親切，不管它是否容易做到，它卻普遍為社會上每個人所疏忽。

事實上，它只是一種真實情感的流露，您一旦付出，卽使不求回報，仍舊會得到對方親切自然的反應。

就在這種情形下，聯繫社會的鎖鏈在擴大、堅定。

特別是在營業第一線上的人，這種親切的態度更是人人必須具備的；因販賣的商業行為，乃建立於人與人之間的彼此信賴。而親切的態度，是獲得信賴的基礎。

因此，要立足於社會上，必須先認定此種維繫社會的項鍊是何等重要；抱著謙虛溫和的人生觀，親切的處事態度，將會在人生旅途中獲得莫大的啓示。

✤書是別人辛苦完成，而自己能簡單吸收，並改善氣質的最佳途徑——蘇格拉底

蘇格拉底於西元前五世紀生於希臘；他之所以被稱為「哲學之父」，並非由於他整日埋首書房中，鑽研那些難懂的抽象哲學。

他認真地思索真實人生中的各種道理，並執著於自己的信念；七十歲時，政府機關因無法接受他的理論，遂指責他的思想足以腐敗青年，而將蘇格拉底判處死刑；這時有人建議蘇格拉底逃亡，他卻毅然決然飲毒自盡。

蘇格拉底極力提倡教育；所謂教育，即是一切學習根源；人類經由外界的種種

事物，得到各種不同的體驗，而這些體驗乃促使我們成長與進步的因素，其中讀書可說是最好的途徑。

雖然今日社會已進入大衆傳播的時代，電影、電視等廣播媒介也都擔任教育的工作；但畢竟它們與人類還是有某種特定的距離，仍舊無法取代書籍在人類心目中所佔的份量。

因此，蘇格拉底他告訴我們，讀書，是將別人辛苦累積下來的寶貴經驗，輕鬆地吸收而變為自己的；當然，自己能獲得多少，也就完全看自己的吸收方式囉！而閱讀的人若能瞭解這點，必定會更增添讀書之樂趣。

✿「商人成功所必須具備的德行中，「平易近人」是最重要的；而所謂的平易近人，並不很困難，只要常常考慮別人的立場，再決定自己的作風就可以了——雷那特．路那特

雷那特是美國產業心理學者，對於有關販賣工作的自我管理有深入的研究；並以心理學者的立場，多次從事分析研究的工作。

這種「平易近人」的功夫，是屬於氣質型的才能；有人會說，我生來就不具備這方面的才能；事實上這種圓滑的外交手腕絕非天生的。

如果您能多花點心思，常想到對方缺少什麼，需要什麼……，這些雖然都是小地方，卻是面面俱到的前提。

身為推銷員，除了具備敏銳的觀察力，還要將自己訓練成優秀的心理學家。

首先，要經常站在顧客的立場來考慮問題；一旦養成這種習慣，自然可以對抗以自我為中心的缺點。

使自己成為一個平易近人，圓滑而面面俱到的人，是從事業務工作者應有的認識；換言之，這是份服務性的工作，本身的利潤，乃建築於為群衆服務的基礎上；因此，您必須革除強烈的自我意識，並經常顧慮別人的感覺。

第七章 如何促進推銷技術

❖推銷的知識，是足以運用於所有人際關係的知識——愛爾馬・霍依拉

這句話也就是說，一個成功的業務員，可說是優秀的人類學家。推銷這類的工作，最主要是使對方瞭解商品的功能，以及和自身的密切關係，而興起購買慾。

當然，在向某人展售之前，必須先探索對方是否有足夠的購買力，以及他是否需要。

那推銷員的優劣又是如何區分呢？其主要應該是在於經驗的差別；一個優秀的推銷員，不僅有滿腹的幹勁，更有細微敏銳的觀察力，他們事先研究某位顧客所需要的是什麼？而不盲目地推銷。

一個觀察能力遲鈍的人，可能會處處碰壁；顧客的心理無法掌握，業務無法推展，商品滯銷，也因此對自己失去信心，當然，這都源於自己不曾努力學習，以致出師不利；須知，這是一種心理戰術，而它致勝的關鍵在坦誠，對商品，以及對顧客的。

而成功的業務員，卽是優秀的人類學家之道理卽在此；將展售商品的道理與態度，運用於社會上的待人接物，定能獲得同樣傑出的成績；只要誠以待人，自然能建立良好的人際關係。

❖客人是一面鏡子，能反映出您的心——原一平

原一平不僅是位知名的作家，還是日本保險業界的佼佼者。

此人被譽為行動派的苦幹實幹者，他除了在一個月訪問一百個客戶外，還可每個月增加三十個新客戶；他這般積極活動的結果，使他在年逾七十歲時，業績仍保持在每月平均三十件令人咋舌的契約件數。

但這人他並沒有推銷保險，而是客戶主動向他購買保險。

他以一種旁推側敲的方法，訪問客戶時不直接了當地談保險，就在巧妙的言談中建立一份和諧的關係。

常常有推銷員因遭到顧客的拒絕而沮喪不安，甚至喪失了信心；然而，有許多成功的業務員就是從這種失敗的邊緣慢慢爬起的。

當你被拒絕時，不要心慌，不要不知所措；拿出您敏銳的觀察力，有些客人的

拒絕，乃是給你深入介紹商品的機會。

而您並不一定要把東西賣出去，您只是要讓對方瞭解商品對他的重要性；如此巧妙地察顏觀色，深入淺出，您將可以從顧客的反應中，衡量出自己的成績。

客人的態度，是一面描述著他們內心感受的鏡子，可用來作為自身的反省。

◈販賣，並不是爲賺錢，而是要帶給對方喜悅——愛爾馬・霍依拉

這句話是站在消費者的立場，提醒從事商業行為的人們，販賣的出發點是帶給顧客喜悅。

這句名言也對銷售者的立場，做了適度的改變。

當您展售商品時，若先有賺錢維生的念頭，那麼在客人面前，就顯得卑屈，不得不低聲下氣。

反之，換個角度來衡量買賣行為所代表的意義；即我是為顧客提供服務，帶來喜悅；那麼這份工作便顯得無比神聖而高尚。也可以充滿信心地向對方推薦商品，就猶如為顧客推薦喜悅般地理所當然。

以絕對誠懇及服務至上的態度，向顧客介紹商品時，必然能夠博得對方的信賴。

信心對一個業務專員來說，其影響太大了；它在潛意識中所產生的力量，正是一個人所表現出來的業績。

當然，把喜悅帶給對方，和自己獲得喜悅的道理是相通的。

※好的顧客過三年也不會換店；好的店過三年也不會換顧客

——中國諺語

的確，有長年的顧客是很可喜的，但是要使顧客長年不換店，店主必須保障商品品質。

即生意唯有建立在相互信賴的關係上，才能長久地維持。

有些商人只顧慮眼前的利害關係，而時常變換客戶，這並不是好現象。

一家穩定成長的商店，往往是由於老顧客的捧場與支持；誠如商品的銷暢，乃由於大衆的愛顧。

因此，要使生意興隆，必須網羅長年的顧客；而掌握老顧客，則視店主人服務態度的親切與否；唯有以耐心對待顧客的商店，才能長久地維持主顧關係。

許多人不瞭解的販賣秘訣，即是耐心地聽對方說話——法蘭克·貝特佳

貝特佳是美國保險業界的名人，除了著作「我如何在商業界成功」一書外，還留下了許多有關於推銷技術的名言，這是其中的一句話。

推銷包含買與賣兩方面，亦即要在推銷員及顧客雙方的利益一致的情況下才能成立。

買方因商品的效用符合而己的需要而接受，賣方則因提供服務而獲得利潤。

但是，有一部分站在商業第一線的人，卻常忽略了必須顧全雙方的利益，只圖把商品售出；反而無法掌握顧客的心理。

他們不知在何種情形下，才能激起對方的購買慾，也不注意顧客內心的動態；

因此，造成一味地唱獨角戲，儘管費盡口舌敍述商品的優點，卻引不起共鳴。倘若您認為這就是所謂的推銷術，那此種方式無法與買者產生心電之交流，而洽談的成功率也極低。

推銷，最重要的是，掌握顧客的心理，因此，必須培養聽對方說話的耐心；唯有讓對方說出其觀感和想法，我們才能採取最適合他的方式，來帮助他瞭解。

一個成功的推銷員，往往都是讓對方先說，由對方的言談中切實瞭解顧客的心理，並有效地運用於自己所要表達的言詞中。

洽談，可以溝通彼此的心思，也是培養買賣契約成功的土壤。聽取別人說話的耐心，是推銷員應該具備的；而它不僅在推銷工作中扮演重要的角色，對整個人際關係來說，更是最優秀的社交術之一。

✕推銷始於被拒——E・G・禮得蒙

這句話對推銷員來說，已是耳熟能詳。

禮得蒙一向以這句話來當作自己的座右銘；並且聽說這位美國最傑出的推銷員，從來沒有辦不成的事。

將商品介紹給別人，而不曾遭到拒絕的，除了禮得蒙之外，大概找不出第二人了。

事實上，禮得蒙的推銷工作真進行的如此順利嗎？絕不，只是禮得蒙認為客人說不，只是一種意念上的表達，他在告訴您，應該將商品作更深入的說明，以增加顧客對商品的認識。

當然，這並不是鼓勵您，在顧客拒絕時，仍不識趣地死纏著人家。

有些顧客相當固執，任您再如何遊說，也無法挽回；那麼您繼續與他討論，只有徒然浪費時間；因此，您必須拿出推銷員特有的透視眼光，從他們拒絕的眼神中，判斷何種人應該深入說明，何種人可以放棄，然後決定最有力的攻擊方式。

販賣，最重要的是使顧客感受到商品對自己的重要，只要超越這個境界，您不需再多費口舌，就已成功一半了。

✿所有買賣的設計，都是爲使買、賣雙方都高興；

如果只是賣者高興，而買者不高興，這並非買賣之道——二宮尊德

二宮尊德生於十九世紀，是江戶末期非常活躍的農業家。他提倡人類的經濟活

動，並以道德一致為根本思想。

這裏所說的非販賣之道，其原意為非道；最主要是因本名言的主人深受儒道思想之影響，而這句話在現代社會中，又可用作廣泛的解釋。

所謂買賣，過去一直被認為應以賣方為本位，並且只一味考慮賣方的利潤；所謂的「價值基準」，無疑地，是指賺錢的多寡而言，因不賺錢的生意，對賣方是不具任何意義的。

但站在買方的立場來說，因買了這項商品而得到利益，這才是買賣的真意；所謂的利益並非指金錢方面的，而是這項商品為顧客提供了多少方便，因這方便帶給顧客的喜悅是無法衡量的。

這裏所要强調的是，買賣是一種相互依存的行為，它建立在互惠的原則上；賣方因提供服務而獲得酬勞，買方則因付出代價而得到方便；它的最終目的，在使人類因商業行為而建立彼此信賴的感情。

倘有一方感到受騙，或心有不甘；那麼這樣的商業行為並不能稱為真正的買賣，而此種關係，也不可能長久成立。

✤抓得太緊，會傷害皮膚；同樣地，話說太多會傷到心——蘇俄諺語

很多人認為推銷員是一種說話的職業；但很多業務界的專家，又時常提出警告，話不可說得太多。

如何以最簡潔的詞句，來讓顧客瞭解商品是最好的；這是業務員教育的重點。如果為了促銷，而猛說勸導對方的話；結果非但與不起顧客的購買慾，還會感到煩躁，甚至只想盡快逃離您的視線；這是人際關係中一種微妙情感的反應；有時，這類瑣碎的言詞，會演變成傷害對方的利刃。

語言有時就像一把兩面的利刃，所以，多說不如少說；因為適可而言的談話態度，不僅沒有傷害對方的顧慮，且能贏得對方的信賴。

要說話之前，不妨先試著瞭解對方的心理，並考慮話一說出，對方將有如何的反應，否則皮膚抓傷了很快即可痊癒，一旦心靈受傷，恐怕就很難醫治。

自以為能言善道者，常常很愚蠢地傷害別人，也傷害自己。

※為了讓顧客多買，須先替他找出為何多買的理由——約翰・E・甘迺廸

約翰・E・甘迺廸在十九世紀初建立了近代的廣告理論基礎。

過去，我們一直認為廣告是讓顧客知道商品是如何的優良；但甘迺廸認為所謂的廣告，是讓顧客瞭解我為何要購買這項商品，買了它將會得到什麼樣的好處，這才是廣告的真正意義。

這對於業務員在面對顧客時，所容易產生的矛盾心理，提供了十分恰當的教育。

要將某種商品介紹給客人時，若一味陳述這件東西是如何優良；那根本無法得到顧客的共鳴，更甭說興起其購買的念頭了。

首先，您必須瞭解顧客是否真正需要這份商品，然後找出他需要的原因；這就是業務員致勝的關鍵。

✿推銷員必須懂得心理學，就像船員一定要具備航海術一般；這是支持買賣成立的科學——E・G・禮得蒙

優秀的推銷員，可說都具有成為優秀心理學家的素質；而這點與販賣的工作是成立於互相信賴的原則，有密切關係。

也就是說，獲得對方的信賴，是販賣商品時的重點；這時若能正確地掌握對方的心理動向，那彼此的信賴即可更快地建立起來。

當對方說「不」時，不要輕易地絕望，以為已到不可挽回之地步；不妨站在對方的立場，作各種不同背景的假想；不要因為這件商品已做過說明，就不願再重覆；須知，有些客人正是再期待您再次的解釋，以加深他對商品的認識和信賴。

這種細膩的心思是推銷員必須具備的；在我們接觸千百個不同的顧客中，不可能要求他們對於您所說的話，有一致的反應；因此，要做個稱職的推銷員，必須先學習靈活地應付各種不同場合，以及不同類型的人。

因此，推銷員必須精通人類心理學；也等於是位人際學的專家；而這種探討別人心理動態的敏銳觀察力；是從日常生活的自我訓練中得來的。

✿品質，是商品價格被遺忘了，仍存在人們心中的——喬治·威斯登

喬治·威斯登是位偉大的發明家；活躍於十九世紀～二十世紀初年，這位有獨創才能的人，因父親經營的是農業機械製造的工廠，所以從小就對機械產生濃厚的興趣。長大後，遂在父親的工廠從事各種發明工作，如空調器，自動式鐵路信號機等，都是他的傑作。

而喬治·威斯登最偉大的地方是，除了有優越的技術之外，還有靈活的經營手腕。

技術與經營的結晶，往往會創造出一流的商品；而為顧客提供第一流品質的商品，乃是事業家的基本責任。

人之所以想購買，主要是希望藉著商品帶給自己更舒適便利的生活；因此，品質不良的商品，會嚴重損害顧客的權益，也使他們永遠失去購買的信心。

同樣的道理，令顧客滿意的品質，不僅建立他下次再買的信心，並且為您做義務的宣傳工作，這比任何廣告都來得有力。

常聽人說，對商品滿意的顧客，是最偉大的推銷員，就是這個道理；也就是說，出售品質低劣商品的推銷員，就好像永遠在做徒勞無益的事，並得到相同的命運。

世上再也沒有比販賣連自己也無法信任的商品更困難的事——帕特生

「賣東西」這種商業行為，固然是以獲得利益為目的，但除了追求利潤之外，消費者的反應已普遍受到社會的重視，即販賣不再是賣方的專利；已逐漸走向為社會大衆提供服務為前提。

被稱為消費者主義的美國，在十九世紀～二十世紀初年，社會上充斥著缺德的商人，專門出售品質低劣的商品，資本家從中獲取巨利，而消費群衆卻蒙受莫大的損失。

而今，廣大的消費已不再默默地受剝奪欺凌；不管是西方國家，或者是東方民族都開始以認真嚴肅的態度，來面對這個問題；消費者必須受到保護的想法已普遍存在社會、家庭中。

當然，這並不是否定資本家由此得到利潤，而是在獲得利潤的同時，必須對購買物品的消費者；提供相同比率的服務。

最重要的是，在販賣商品時，自己要對商品有充分的了解，亦卽確定商品能提供給顧客某一方面的便利；而自己對商品具有充分的信心。

在這個時候，推銷員必須本著自己的良心，衡量這份產品是否有推薦給顧客的價值；假若連自己都無法信任產品的功能，卻硬要昧著良心換取顧客口袋裏的錢，這是多麼卑鄙的行為！

相反的，對產品充滿信心的人，卽使剛開始時受到對方的拒絕，也不會有很大的心理打擊，並且會因想讓對方瞭解商品，而興起再度說明的勇氣。

✣足以稱爲商德的是敏捷、信用和忍耐三者；但是光懂而做不到的人卻又太多了——中江兆民

中江兆民乃活躍於幕府時代末期的言論家、政治家。

他從盧梭的『民約論』中，領悟天賦人權的道理，進而提倡自由民主運動，是自由黨代表，後來當選為衆議院議員。

中江兆民在領導各種自由民主的思想之後，仍舊不相信人們冠冕堂皇的說詞，也就是，人類的所為往往與所知脱節。

尤其是從事商業行為的人，想法和實際行為通常會有所出入；所以，光是嘴上說得好聽並沒有用，必須用心去體驗，自己到底能做多少？

那什麼是一個從商者應具備的德行呢？卽前面提到過的敏捷、信用與忍耐；相信這些道理人人會講，但有幾個真正瞭解呢？

首先敏捷，乃是指動作要快，反應靈敏，這是身為一個業務員的最基本條件。

其次談到信用；古有言：「人無信不立」，不能獲得大衆信任的人，如何擴展業務呢？

最後的忍耐，是業務員成功與否的關鍵；這三個基本要件不是口號，它是收藏在內心深處的三樣鋭利武器；只要用心去體會、瞭解，那麼日後在業務方面的成就，必然不同凡響。

✤面向右邊說話時，必須注意到左邊的動靜——蘇俄諺語

常聽人說，俄國人民的猜疑性很強烈，但此諺語中的小心態度，卻值得學習。

人常因專注於某件事，就再也無法顧及其他；但卻常因此得不償失。尤其在這瞬息萬變的社會中，更是不能因專注觀察某個目標，而疏忽了周圍更重要的東西；因此，所謂複眼的觀察，及多角的思考，其道理卽在此。

然而，向右邊說話，要留意左邊的動靜，這實在不是件容易的事。這種精明幹練是從經驗的歷練中而得來；但這種小心的態度只能隱藏在內心；因為這種敏銳的反應，收藏不當時，往往會給對方帶來嚴重的壓迫感。

如能保持外在應有的風度，而將精明適度地隱藏在內心，這樣的人品算得上是相當完美。

◎因不善於販賣而經商失敗的人不多，失敗的原因大多在於缺乏自我管理規則——法蘭克・貝特佳

不善於販賣，顧名思義，卽是商品滯銷。但是只要商品本身具有功能，符合顧客的需要，在這個購買力旺盛的社會中，應該沒有賣不出去的東西。

一般人都以為要做好業務促銷工作，必須具有能盡得天花亂墜的口才；事實上並非所有業績優良的推銷員都能言善道，反而不太愛說話的大有人在。

本來販賣的工作，是以誠懇的服務態度為出發點，站在互惠的原則上，追求彼此的好處，口才只是其次的，因為真誠的話才會最動聽，而容易被人接受。所以，有人說木訥的人不適合從事業務工作，是非常錯誤的觀念；因為不善言詞的人，往往更具有細緻的情感，敏銳的觀察力，這些對於販賣工作有很大的幫助。

綜合歸納起來，一個推銷員訓練的重點，在於嚴格的自我管理；徹底瞭解自己的性格後，將缺點改掉，伸展優點，朝此方向努力，必定塑造完美的人格。

會不會做買賣，原本就沒有一定的標準，只有一直縱容自己的人，才會找出許多無謂的藉口。

其實這是個充滿挑戰性的工作，只要能做好自我管理的工作，其成就是令人刮目相看的。

※爲了準備今天的訪問，而在昨晚熬夜的人，
絕不會因今天的洽談失敗而失眠　——E‧G‧禮得蒙

商談沒有一定的規則，是需要視對方的談話內容，而隨時改變自己的態度；因臨時準備而順利達成任務的例子太少了。

但也不能因此忽略了計畫與事前的準備；這些雖然沒有立竿見影的效果，但卻能建立潛意識中的踏實感；而真正應付對方的實力，乃是從生活中點滴累積而來的。

當您訪問客戶時，反被一問三不知，如何贏得對方的信任？並可能因此失去業務上立功的機會；痛心疾首之餘，你是否為事先未加以準備而感到遺憾；這樣刻骨銘心的教訓，可能使你整整失眠一個星期。

假若您事前曾作充分的準備，內心的踏實感對您回答任何問答都有很大的帮助；即使仍舊沒有達到預期的效果，但是已盡力而為卻使人感到心安。

一個良好的商業構想，須在十秒鐘內說清楚。要研究如何以最簡短的話來說明它，以產生最優良的商業指導法——愛爾馬・霍依拉

霍依拉的法則中有一項是這樣的，「不要寫信，打電報」；這句話可說是將表達的要領作了更具體的說明。

消費者之所以購買東西，只要是考慮商品的品質，以及是否確實符合自己的需要。

推銷員如果能在顧客的心目中建立完全的形象，那麼就連要遭到拒絕也是很難的。

顧客的這種感覺是很抽象的東西，就連他們自己本身也無法作很正確的詮釋；但卻對顧客的購買心理有種微妙的輔助作用。

由此可知，促成買賣的根本因素，除了讓顧客徹底瞭解商品之外，推銷員適當的談吐及得體的舉止，都是關鍵所在。

✿兩種商品產生競爭時，唯一的戰勝方法是比較。

而推銷員要說兩種商品的差別時，

必須自己先瞭解其中的差別——H・W・戴提爾

戴提爾（Deitjel）是美國一家著名油脂公司的副社長，也是推銷界的佼佼者；今日世界無論東方或西方國家，競爭都非常劇烈，這句話就是從這樣的商業競爭行為中產生的。

顧客從選擇分析到決定購買的過程中，可分為八個階段，即「注意」、「興趣」、「連想」、「欲望」、「比較」、「確信」、「行動」、「滿足」等。

在這裏先談到比較，有了比較才能顯示出品質的高低，而瞭解了品質的高低優劣，才有辦法做選擇；選擇是顧客的最終目的，但在做決定之前，卻必須經過一番非常重要的掙扎與考慮。

的確，要戰勝對方，除了必須在比較階段擊敗對方之外，別無他法；當客人已逐漸心動時，推銷員必須乘勝追擊，一股作氣，盡已所能為顧客提供最佳的服務，使顧客能更具信心地作選擇。

假若當顧客已逐漸動心時，但推銷員卻不能本著熱誠的態度，提供比較分析的資料，那以前所做的努力都將等於零。

當然，比較並非惡意的中傷對方；而是先督促自己了解雙方面的商品特點，然後舉出自己的優點，對方的缺點；在無形中替顧客作了肯定的選擇。

總之，雙方比較致勝的關鍵在於個人對商品瞭解的程度；倘顧客提出來的問題，推銷員們皆能夠對答如流，自然比支唔其詞的推銷員所介紹的商品，更來得容易被人接受。

人之所以購買東西，有兩種動機；一是追求利益，二是對損失的恐懼心——法蘭克・貝特佳

買下這項產品，將可獲得如此大的好處，此即顧客購買的動機；此外，還有另一種相對的矛盾心理，亦即我若不買，是不是一種損失。

因此，要讓顧客下定購買的決心，必須從這兩方面來誘導；闡述商品對人類的貢獻，並說明缺少了它，將是如何的不便；這也是推銷員的訓練要素之一。

推銷是帮助一個猶豫不決的顧客，加速下定購買的決心；其最高境界乃是使一個沒有購買慾的人，在聽完了您的說明之後，也興起了非買不可的念頭。

促使顧客加强獲得商品的慾望，是推銷工作的重點；但是假若您為了使一個既沒有購買力，也沒有購買慾的屈服，費盡口舌，也因此忽略那些猶豫不決，但有足夠購買力的顧客，那就太不值得了。

推銷工作是神聖的，推銷員的責任是艱鉅，他必須透視顧客的需不需要，並予以循循善誘；這些都必需依賴敏銳的觀察力。

◇通常推銷員，一天平均可訪問八個客戶；而您卻訪問二十個，當然您是略勝一籌——威廉・傑利斯

傑利斯是國際保險公司的董事長；本是保險業的推銷員，卽所謂的拉保險。

他二十歲那年，為謀發展，而到紐約一家保險公司擔任業務員，此種工作並非一個剛從鄉下來，又毫無人際關係的年輕所能勝任，所以，剛開始時，他的業績奇差。

他一直在思考，如何才能提升業績；而傑利斯最偉大的地方是他敢於承認，自己目前的能力不如其他的業務員。

為了彌補能力上的不足，他比別人多花出兩倍、甚至三倍的時間。

當他發覺其他的業務員，每天平均訪問八個客戶時，他給自己訂下了標準，每天要訪問兩倍以上的客戶，卽二十個；這雖然要付出相當大的代價，但也替他奠下了後來成功的基礎。

當然，一個優秀的推銷員，除了注意訪問的件數之外，還要考慮其訪問的效率；這些都要以堅强的毅力和信念來貫徹行動。

一個不能因能力不如別人而自暴自棄的人，已相當令人敬佩，又能以不間斷的自我鞭策來迎頭趕上；那無論從事何種事業，都可蒸蒸日上。

✤牛排所賣的不是那塊肉，而是那誘人的熱氣——愛爾馬・霍依拉

這句話太有名了；把它運用在推銷業務上，實在是微妙而又令人拍案叫絕的比喻。

牛排中刺激人的食慾者，不是香甜的肉；而是煎炸時所發出的聲響，以及飄散出來的熱氣。

而要激發人類的慾望，理論上的引導，還不如以感覺上的刺激來得有力；因此，無論處理何種商品，藉著外界事物的反映，巧妙地刺激顧客希望獲得利益，以及恐懼損失的心理，將會產生意想不到的效果。

例如推銷吸塵器的業務員，不要去强調廠牌，重要的是這項商品可以如何地帮助主婦做家事，而是家庭得到窗明几淨的境地。

也就是說，吸塵器所賣的不是馬達，而是舒適；不以它的吸塵力有多大為重點，而强調它為家庭帶來的整潔和快樂。

事實上，任何一種商品都有其存在的價值；而它是否能被社會大衆接受，就在於推銷員如何巧妙地敍述其優點，這亦是身為推銷員最大的責任。

前面也提過一句名言，「不要寫信，應該打電報」，這句話乃反映囉嗦的解釋，不如簡單明瞭的說明更有力。

例如要向人賀生日時，與其長篇大論，還不如一束鮮花與兩句簡短的祝福。

推銷的要訣，都是從日常生活中所得到的體會，假若您經常細心的觀察，會發現深奧的學問往往是起源於微不足道的小事。

◈ 知道何時該說話的人，也知道何時該沉默——阿基米德

以發明阿基米德原理而出名的這位希臘數學家、物理學家，在西元前三世紀時就已有了許多數學原理的發明。

這句話已涵蓋了人說話技術的基本原理。

通常商人被認為是好長篇大論；而對於愛說話的人，都說是生有一張「生意嘴巴」，其實這是錯誤的觀念。

也有人說內向的人不適合做生意，這更是大錯特錯的觀念；目前的業務界中，沉默寡言，而被列為優秀的推銷員者，不勝枚舉。

所謂口才，並不是指愛說話，或者很多話；真正的口才乃知道在何時該說話，說什麼話；業務界極需要這種善於自我控制的人才。

話說得多，並不代表有份量；聽往往比說更容易獲得信賴；而知道何時該說話，何時該沉默的人，不僅獲得別人的信賴，更可獲得信賴與追隨。

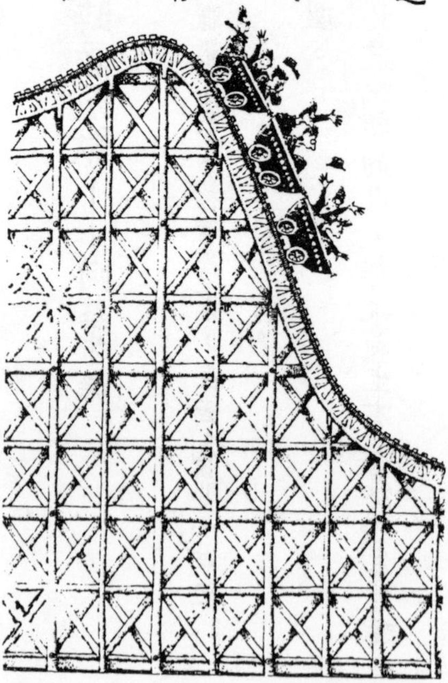

推銷員的訪問客戶，就像是縫製西裝一樣；有一定的型式，但面對每個不同的客人，都要縫出合身的衣服來——E．G．禮得蒙

這是為業務員在訪問客戶時，所發表的一個提示；的確，業務員在訪問客戶前，必須先有一個腹稿；亦卽配合對方的心思來敍述自己的見解，以期引起共鳴。

就像縫製西裝一樣，有固定的式樣，但必須依照個人的身材，而改變尺寸的大小。

訪問時，也要觀察對方情緒的變化；並以巧妙的方法來配合，以增進商談的融洽；成功的訪問乃是推銷員擴展業務的基礎。

而訪問工作的進行，必須以細膩的感情和敏銳的觀察力為基礎；因倘您有心配合對方，卻無法掌握對方的心思，仍舊不得要領。

因此，推銷員對於訪問客戶的事前調查之重要，就如同縫製衣服前須先量身一般。

※一雙脚有千張郵票的價值——E・G・禮得蒙

推銷員最利害的武器，卽是自己的一雙脚；而這句話正是這個意思。

當然，在這個進步的社會中，出門有汽車代步，而遙遠的時空距離，甚至要勞駕飛機，才能符合效率觀念；但這句話，主要乃在說明凡事應該積極的行動，要抓住機會，唯有自己的雙手雙脚是最可靠的。

隨著時代的進步，電信與郵政都比往昔進步；而大衆傳播媒介也泛濫於各行業中；如何有效地運用這些誕生於文明世界中的利器，是業務員們最重要的課題。

但假若因交通工具的便捷，就忘卻了推展業務的最原始工具，只一昧憑藉傳播工具來替自己辦事，其效果與勤快地利用雙腳的活動去爭取客戶，將有很大的差別。

所以，當您寄出一份廣告時，還要進行積極的活動，這樣才是最完美的組合。

◈每個人都有恐懼心，要克服這點，必須先坦率地承認，並面對它；也唯有如此才能克服訪問的恐懼心——法蘭克·貝特佳

能否克服訪問恐懼症，足以決定推銷員的成功與否。訪問恐懼的產生，乃由於訪問時曾幾度遭到拒絕，以致對訪問產生恐懼的心理反應。

但不曾得過訪問恐懼症的推銷員，是否能稱為優秀的推銷員？每到一新環境去擴展業務時，從不曾被拒絕，這固然值得喝采，然而實際的推展工作卻不可能如此順利；優秀的推銷員就是從不斷的拒絕中歷練出來的。

所以，訪問恐懼症乃是推銷員生涯的一個過度時期，只要突破了，就可永遠免疲，不僅不再恐懼訪問時被拒絕，對往後的人生旅程，也有增强信心的作用。

在每個偉人成功的歷程中，必定都有一段情緒的低潮時期；這就是在他遭到拒絕時的自我掙扎；一旦突破卽邁向光明的坦途。

所以，訪問恐懼症對於商人來說，應該是一個必經的階段；重要的是如何去克服他，愈早突破這層障礙的人，愈能及早抵達成功的彼岸。

有了此種心理障礙時，不要因此減少實際的訪問次數，這種逃避的態度非但無法解決問題，反而使自己日益失去信心。

面對它是最正確的解決方法，應增加訪問次數來積極地自我訓練；只要一次成功，就可逐漸恢復往日的信心，冷靜研究對策，不再採取逃避的姿態。

大展出版社有限公司 圖書目錄

地址：台北市北投區(石牌)
致遠一路二段 12 巷 1 號
郵撥：0166955～1

電話：(02)28236031
28236033
傳真：(02)28272069

・法律專欄連載・電腦編號 58

台大法學院　法律學系／策劃
法律服務社／編著

1.	別讓您的權利睡著了 1	200 元
2.	別讓您的權利睡著了 2	200 元

・秘傳占卜系列・電腦編號 14

1.	手相術	淺野八郎著	180 元
2.	人相術	淺野八郎著	150 元
3.	西洋占星術	淺野八郎著	180 元
4.	中國神奇占卜	淺野八郎著	150 元
5.	夢判斷	淺野八郎著	150 元
6.	前世、來世占卜	淺野八郎著	150 元
7.	法國式血型學	淺野八郎著	150 元
8.	靈感、符咒學	淺野八郎著	150 元
9.	紙牌占卜學	淺野八郎著	150 元
10.	ESP 超能力占卜	淺野八郎著	150 元
11.	猶太數的秘術	淺野八郎著	150 元
12.	新心理測驗	淺野八郎著	160 元
13.	塔羅牌預言秘法	淺野八郎著	200 元

・趣味心理講座・電腦編號 15

1.	性格測驗① 探索男與女	淺野八郎著	140 元
2.	性格測驗② 透視人心奧秘	淺野八郎著	140 元
3.	性格測驗③ 發現陌生的自己	淺野八郎著	140 元
4.	性格測驗④ 發現你的真面目	淺野八郎著	140 元
5.	性格測驗⑤ 讓你們吃驚	淺野八郎著	140 元
6.	性格測驗⑥ 洞穿心理盲點	淺野八郎著	140 元
7.	性格測驗⑦ 探索對方心理	淺野八郎著	140 元
8.	性格測驗⑧ 由吃認識自己	淺野八郎著	160 元
9.	性格測驗⑨ 戀愛知多少	淺野八郎著	160 元
10.	性格測驗⑩ 由裝扮瞭解人心	淺野八郎著	160 元

11.	性格測驗⑪ 敲開內心玄機	淺野八郎著	140元
12.	性格測驗⑫ 透視你的未來	淺野八郎著	160元
13.	血型與你的一生	淺野八郎著	160元
14.	趣味推理遊戲	淺野八郎著	160元
15.	行為語言解析	淺野八郎著	160元

・婦幼天地・電腦編號 16

1.	八萬人減肥成果	黃靜香譯	180元
2.	三分鐘減肥體操	楊鴻儒譯	150元
3.	窈窕淑女美髮秘訣	柯素娥譯	130元
4.	使妳更迷人	成　玉譯	130元
5.	女性的更年期	官舒妍編譯	160元
6.	胎內育兒法	李玉瓊編譯	150元
7.	早產兒袋鼠式護理	唐岱蘭譯	200元
8.	初次懷孕與生產	婦幼天地編譯組	180元
9.	初次育兒 12 個月	婦幼天地編譯組	180元
10.	斷乳食與幼兒食	婦幼天地編譯組	180元
11.	培養幼兒能力與性向	婦幼天地編譯組	180元
12.	培養幼兒創造力的玩具與遊戲	婦幼天地編譯組	180元
13.	幼兒的症狀與疾病	婦幼天地編譯組	180元
14.	腿部苗條健美法	婦幼天地編譯組	180元
15.	女性腰痛別忽視	婦幼天地編譯組	150元
16.	舒展身心體操術	李玉瓊編譯	130元
17.	三分鐘臉部體操	趙薇妮著	160元
18.	生動的笑容表情術	趙薇妮著	160元
19.	心曠神怡減肥法	川津祐介著	130元
20.	內衣使妳更美麗	陳玄茹譯	130元
21.	瑜伽美姿美容	黃靜香編著	180元
22.	高雅女性裝扮學	陳珮玲譯	180元
23.	蠶糞肌膚美顏法	坂梨秀子著	160元
24.	認識妳的身體	李玉瓊譯	160元
25.	產後恢復苗條體態	居理安・芙萊喬著	200元
26.	正確護髮美容法	山崎伊久江著	180元
27.	安琪拉美姿養生學	安琪拉蘭斯博瑞著	180元
28.	女體性醫學剖析	增田豐著	220元
29.	懷孕與生產剖析	岡部綾子著	180元
30.	斷奶後的健康育兒	東城百合子著	220元
31.	引出孩子幹勁的責罵藝術	多湖輝著	170元
32.	培養孩子獨立的藝術	多湖輝著	170元
33.	子宮肌瘤與卵巢囊腫	陳秀琳編著	180元
34.	下半身減肥法	納他夏・史達賓著	180元
35.	女性自然美容法	吳雅菁編著	180元
36.	再也不發胖	池園悅太郎著	170元

37. 生男生女控制術	中垣勝裕著	220 元
38. 使妳的肌膚更亮麗	楊　皓編著	170 元
39. 臉部輪廓變美	芝崎義夫著	180 元
40. 斑點、皺紋自己治療	高須克彌著	180 元
41. 面皰自己治療	伊藤雄康著	180 元
42. 隨心所欲瘦身冥想法	原久子著	180 元
43. 胎兒革命	鈴木丈織著	180 元
44. NS 磁氣平衡法塑造窈窕奇蹟	古屋和江著	180 元
45. 享瘦從腳開始	山田陽子著	180 元
46. 小改變瘦 4 公斤	宮本裕子著	180 元
47. 軟管減肥瘦身	高橋輝男著	180 元
48. 海藻精神秘美容法	劉名揚編著	180 元
49. 肌膚保養與脫毛	鈴木真理著	180 元
50. 10 天減肥 3 公斤	彤雲編輯組	180 元
51. 穿出自己的品味	西村玲子著	280 元

·青春天地·電腦編號 17

1. A 血型與星座	柯素娥編譯	160 元
2. B 血型與星座	柯素娥編譯	160 元
3. O 血型與星座	柯素娥編譯	160 元
4. AB 血型與星座	柯素娥編譯	120 元
5. 青春期性教室	呂貴嵐編譯	130 元
6. 事半功倍讀書法	王毅希編譯	150 元
7. 難解數學破題	宋釗宜編譯	130 元
9. 小論文寫作秘訣	林顯茂編譯	120 元
11. 中學生野外遊戲	熊谷康編著	120 元
12. 恐怖極短篇	柯素娥編譯	130 元
13. 恐怖夜話	小毛驢編譯	130 元
14. 恐怖幽默短篇	小毛驢編譯	120 元
15. 黑色幽默短篇	小毛驢編譯	120 元
16. 靈異怪談	小毛驢編譯	130 元
17. 錯覺遊戲	小毛驢編著	130 元
18. 整人遊戲	小毛驢編著	150 元
19. 有趣的超常識	柯素娥編譯	130 元
20. 哦！原來如此	林慶旺編譯	130 元
21. 趣味競賽 100 種	劉名揚編譯	120 元
22. 數學謎題入門	宋釗宜編譯	150 元
23. 數學謎題解析	宋釗宜編譯	150 元
24. 透視男女心理	林慶旺編譯	120 元
25. 少女情懷的自白	李桂蘭編譯	120 元
26. 由兄弟姊妹看命運	李玉瓊編譯	130 元
27. 趣味的科學魔術	林慶旺編譯	150 元
28. 趣味的心理實驗室	李燕玲編譯	150 元

29. 愛與性心理測驗　小毛驢編譯　130元
30. 刑案推理解謎　小毛驢編譯　130元
31. 偵探常識推理　小毛驢編譯　130元
32. 偵探常識解謎　小毛驢編譯　130元
33. 偵探推理遊戲　小毛驢編譯　130元
34. 趣味的超魔術　廖玉山編著　150元
35. 趣味的珍奇發明　柯素娥編著　150元
36. 登山用具與技巧　陳瑞菊編著　150元
37. 性的漫談　蘇燕謀編著　180元
38. 無的漫談　蘇燕謀編著　180元
39. 黑色漫談　蘇燕謀編著　180元
40. 白色漫談　蘇燕謀編著　180元

・健康天地・電腦編號 18

1. 壓力的預防與治療　柯素娥編譯　130元
2. 超科學氣的魔力　柯素娥編譯　130元
3. 尿療法治病的神奇　中尾良一著　130元
4. 鐵證如山的尿療法奇蹟　廖玉山譯　120元
5. 一日斷食健康法　葉慈容編譯　150元
6. 胃部強健法　陳炳崑譯　120元
7. 癌症早期檢查法　廖松濤譯　160元
8. 老人痴呆症防止法　柯素娥編譯　130元
9. 松葉汁健康飲料　陳麗芬編譯　130元
10. 揉肚臍健康法　永井秋夫著　150元
11. 過勞死、猝死的預防　卓秀貞編譯　130元
12. 高血壓治療與飲食　藤山順豐著　150元
13. 老人看護指南　柯素娥編譯　150元
14. 美容外科淺談　楊啟宏著　150元
15. 美容外科新境界　楊啟宏著　150元
16. 鹽是天然的醫生　西英司郎著　140元
17. 年輕十歲不是夢　梁瑞麟譯　200元
18. 茶料理治百病　桑野和民著　180元
19. 綠茶治病寶典　桑野和民著　150元
20. 杜仲茶養顏減肥法　西田博著　150元
21. 蜂膠驚人療效　瀨長良三郎著　180元
22. 蜂膠治百病　瀨長良三郎著　180元
23. 醫藥與生活㈠　鄭炳全著　180元
24. 鈣長生寶典　落合敏著　180元
25. 大蒜長生寶典　木下繁太郎著　160元
26. 居家自我健康檢查　石川恭三著　160元
27. 永恆的健康人生　李秀鈴譯　200元
28. 大豆卵磷脂長生寶典　劉雪卿譯　150元
29. 芳香療法　梁艾琳譯　160元

30. 醋長生寶典	柯素娥譯	180 元
31. 從星座透視健康	席拉・吉蒂斯著	180 元
32. 愉悅自在保健學	野本二士夫著	160 元
33. 裸睡健康法	丸山淳士等著	160 元
34. 糖尿病預防與治療	藤田順豐著	180 元
35. 維他命長生寶典	菅原明子著	180 元
36. 維他命 C 新效果	鐘文訓編	150 元
37. 手、腳病理按摩	堤芳朗著	160 元
38. AIDS 瞭解與預防	彼得塔歇爾著	180 元
39. 甲殼質殼聚糖健康法	沈永嘉譯	160 元
40. 神經痛預防與治療	木下真男著	160 元
41. 室內身體鍛鍊法	陳炳崑編著	160 元
42. 吃出健康藥膳	劉大器編著	180 元
43. 自我指壓術	蘇燕謀編著	160 元
44. 紅蘿蔔汁斷食療法	李玉瓊編著	150 元
45. 洗心術健康秘法	竺翠萍編譯	170 元
46. 枇杷葉健康療法	柯素娥編譯	180 元
47. 抗衰血癒	楊啟宏著	180 元
48. 與癌搏鬥記	逸見政孝著	180 元
49. 冬蟲夏草長生寶典	高橋義博著	170 元
50. 痔瘡・大腸疾病先端療法	宮島伸宜著	180 元
51. 膠布治癒頑固慢性病	加瀨建造著	180 元
52. 芝麻神奇健康法	小林貞作著	170 元
53. 香煙能防止癡呆？	高田明和著	180 元
54. 穀菜食治癌療法	佐藤成志著	180 元
55. 貼藥健康法	松原英多著	180 元
56. 克服癌症調和道呼吸法	帶津良一著	180 元
57. B 型肝炎預防與治療	野村喜重郎著	180 元
58. 青春永駐養生導引術	早島正雄著	180 元
59. 改變呼吸法創造健康	原久子著	180 元
60. 荷爾蒙平衡養生秘訣	出村博著	180 元
61. 水美肌健康法	井戶勝富著	170 元
62. 認識食物掌握健康	廖梅珠編著	170 元
63. 痛風劇痛消除法	鈴木吉彥著	180 元
64. 酸莖菌驚人療效	上田明彥著	180 元
65. 大豆卵磷脂治現代病	神津健一著	200 元
66. 時辰療法—危險時刻凌晨 4 時	呂建強等著	180 元
67. 自然治癒力提升法	帶津良一著	180 元
68. 巧妙的氣保健法	藤平墨子著	180 元
69. 治癒 C 型肝炎	熊田博光著	180 元
70. 肝臟病預防與治療	劉名揚編著	180 元
71. 腰痛平衡療法	荒井政信著	180 元
72. 根治多汗症、狐臭	稻葉益巳著	220 元
73. 40 歲以後的骨質疏鬆症	沈永嘉譯	180 元

74. 認識中藥　松下一成著　180 元
75. 認識氣的科學　佐佐木茂美著　180 元
76. 我戰勝了癌症　安田伸著　180 元
77. 斑點是身心的危險信號　中野進著　180 元
78. 艾波拉病毒大震撼　玉川重德著　180 元
79. 重新還我黑髮　桑名隆一郎著　180 元
80. 身體節律與健康　林博史著　180 元
81. 生薑治萬病　石原結實著　180 元
82. 靈芝治百病　陳瑞東著　180 元
83. 木炭驚人的威力　大槻彰著　200 元
84. 認識活性氧　井土貴司著　180 元
85. 深海鮫治百病　廖玉山編著　180 元
86. 神奇的蜂王乳　井上丹治著　180 元
87. 卡拉 OK 健腦法　東潔著　180 元
88. 卡拉 OK 健康法　福田伴男著　180 元
89. 醫藥與生活(二)　鄭炳全著　200 元
90. 洋蔥治百病　宮尾興平著　180 元
91. 年輕 10 歲快步健康法　石塚忠雄著　180 元
92. 石榴的驚人神效　岡本順子著　180 元
93. 飲料健康法　白鳥早奈英著　180 元
94. 健康棒體操　劉名揚編譯　180 元
95. 催眠健康法　蕭京凌編著　180 元

・實用女性學講座・電腦編號 19

1. 解讀女性內心世界　島田一男著　150 元
2. 塑造成熟的女性　島田一男著　150 元
3. 女性整體裝扮學　黃靜香編著　180 元
4. 女性應對禮儀　黃靜香編著　180 元
5. 女性婚前必修　小野十傳著　200 元
6. 徹底瞭解女人　田口二州著　180 元
7. 拆穿女性謊言 88 招　島田一男著　200 元
8. 解讀女人心　島田一男著　200 元
9. 俘獲女性絕招　志賀貢著　200 元
10. 愛情的壓力解套　中村理英子著　200 元
11. 妳是人見人愛的女孩　廖松濤編著　200 元

・校園系列・電腦編號 20

1. 讀書集中術　多湖輝著　150 元
2. 應考的訣竅　多湖輝著　150 元
3. 輕鬆讀書贏得聯考　多湖輝著　150 元
4. 讀書記憶秘訣　多湖輝著　150 元

5.	視力恢復！超速讀術	江錦雲譯	180 元
6.	讀書 36 計	黃柏松編著	180 元
7.	驚人的速讀術	鐘文訓編著	170 元
8.	學生課業輔導良方	多湖輝著	180 元
9.	超速讀超記憶法	廖松濤編著	180 元
10.	速算解題技巧	宋釗宜編著	200 元
11.	看圖學英文	陳炳崑編著	200 元
12.	讓孩子最喜歡數學	沈永嘉譯	180 元
13.	催眠記憶術	林碧清譯	180 元

・實用心理學講座・電腦編號 21

1.	拆穿欺騙伎倆	多湖輝著	140 元
2.	創造好構想	多湖輝著	140 元
3.	面對面心理術	多湖輝著	160 元
4.	偽裝心理術	多湖輝著	140 元
5.	透視人性弱點	多湖輝著	140 元
6.	自我表現術	多湖輝著	180 元
7.	不可思議的人性心理	多湖輝著	180 元
8.	催眠術入門	多湖輝著	150 元
9.	責罵部屬的藝術	多湖輝著	150 元
10.	精神力	多湖輝著	150 元
11.	厚黑說服術	多湖輝著	150 元
12.	集中力	多湖輝著	150 元
13.	構想力	多湖輝著	150 元
14.	深層心理術	多湖輝著	160 元
15.	深層語言術	多湖輝著	160 元
16.	深層說服術	多湖輝著	180 元
17.	掌握潛在心理	多湖輝著	160 元
18.	洞悉心理陷阱	多湖輝著	180 元
19.	解讀金錢心理	多湖輝著	180 元
20.	拆穿語言圈套	多湖輝著	180 元
21.	語言的內心玄機	多湖輝著	180 元
22.	積極力	多湖輝著	180 元

・超現實心理講座・電腦編號 22

1.	超意識覺醒法	詹蔚芬編譯	130 元
2.	護摩秘法與人生	劉名揚編譯	130 元
3.	秘法！超級仙術入門	陸明譯	150 元
4.	給地球人的訊息	柯素娥編著	150 元
5.	密教的神通力	劉名揚編著	130 元
6.	神秘奇妙的世界	平川陽一著	200 元

7.	地球文明的超革命	吳秋嬌譯	200 元
8.	力量石的秘密	吳秋嬌譯	180 元
9.	超能力的靈異世界	馬小莉譯	200 元
10.	逃離地球毀滅的命運	吳秋嬌譯	200 元
11.	宇宙與地球終結之謎	南山宏著	200 元
12.	驚世奇功揭秘	傅起鳳著	200 元
13.	啟發身心潛力心象訓練法	栗田昌裕著	180 元
14.	仙道術遁甲法	高藤聰一郎著	220 元
15.	神通力的秘密	中岡俊哉著	180 元
16.	仙人成仙術	高藤聰一郎著	200 元
17.	仙道符咒氣功法	高藤聰一郎著	220 元
18.	仙道風水術尋龍法	高藤聰一郎著	200 元
19.	仙道奇蹟超幻像	高藤聰一郎著	200 元
20.	仙道鍊金術房中法	高藤聰一郎著	200 元
21.	奇蹟超醫療治癒難病	深野一幸著	220 元
22.	揭開月球的神秘力量	超科學研究會	180 元
23.	西藏密教奧義	高藤聰一郎著	250 元
24.	改變你的夢術入門	高藤聰一郎著	250 元

・養 生 保 健・電腦編號 23

1.	醫療養生氣功	黃孝寬著	250 元
2.	中國氣功圖譜	余功保著	230 元
3.	少林醫療氣功精粹	井玉蘭著	250 元
4.	龍形實用氣功	吳大才等著	220 元
5.	魚戲增視強身氣功	宮　嬰著	220 元
6.	嚴新氣功	前新培金著	250 元
7.	道家玄牝氣功	張　章著	200 元
8.	仙家秘傳袪病功	李遠國著	160 元
9.	少林十大健身功	秦慶豐著	180 元
10.	中國自控氣功	張明武著	250 元
11.	醫療防癌氣功	黃孝寬著	250 元
12.	醫療強身氣功	黃孝寬著	250 元
13.	醫療點穴氣功	黃孝寬著	250 元
14.	中國八卦如意功	趙維漢著	180 元
15.	正宗馬禮堂養氣功	馬禮堂著	420 元
16.	秘傳道家筋經內丹功	王慶餘著	280 元
17.	三元開慧功	辛桂林著	250 元
18.	防癌治癌新氣功	郭　林著	180 元
19.	禪定與佛家氣功修煉	劉天君著	200 元
20.	顛倒之術	梅自強著	360 元
21.	簡明氣功辭典	吳家駿編	360 元
22.	八卦三合功	張全亮著	230 元
23.	朱砂掌健身養生功	楊永著	250 元

24. 抗老功	陳九鶴著	230 元
25. 意氣按穴排濁自療法	黃啟運編著	250 元
26. 陳式太極拳養生功	陳正雷著	200 元
27. 健身祛病小功法	王培生著	200 元

・社會人智囊・電腦編號 24

1. 糾紛談判術	清水增三著	160 元
2. 創造關鍵術	淺野八郎著	150 元
3. 觀人術	淺野八郎著	180 元
4. 應急詭辯術	廖英迪編著	160 元
5. 天才家學習術	木原武一著	160 元
6. 貓型狗式鑑人術	淺野八郎著	180 元
7. 逆轉運掌握術	淺野八郎著	180 元
8. 人際圓融術	澀谷昌三著	160 元
9. 解讀人心術	淺野八郎著	180 元
10. 與上司水乳交融術	秋元隆司著	180 元
11. 男女心態定律	小田晉著	180 元
12. 幽默說話術	林振輝編著	200 元
13. 人能信賴幾分	淺野八郎著	180 元
14. 我一定能成功	李玉瓊譯	180 元
15. 獻給青年的嘉言	陳蒼杰譯	180 元
16. 知人、知面、知其心	林振輝編著	180 元
17. 塑造堅強的個性	坂上肇著	180 元
18. 為自己而活	佐藤綾子著	180 元
19. 未來十年與愉快生活有約	船井幸雄著	180 元
20. 超級銷售話術	杜秀卿譯	180 元
21. 感性培育術	黃靜香編著	180 元
22. 公司新鮮人的禮儀規範	蔡媛惠譯	180 元
23. 傑出職員鍛鍊術	佐佐木正著	180 元
24. 面談獲勝戰略	李芳黛譯	180 元
25. 金玉良言撼人心	森純大著	180 元
26. 男女幽默趣典	劉華亭編著	180 元
27. 機智說話術	劉華亭編著	180 元
28. 心理諮商室	柯素娥譯	180 元
29. 如何在公司崢嶸頭角	佐佐木正著	180 元
30. 機智應對術	李玉瓊編著	200 元
31. 克服低潮良方	坂野雄二著	180 元
32. 智慧型說話技巧	沈永嘉編著	180 元
33. 記憶力、集中力增進術	廖松濤編著	180 元
34. 女職員培育術	林慶旺編著	180 元
35. 自我介紹與社交禮儀	柯素娥編著	180 元
36. 積極生活創幸福	田中真澄著	180 元
37. 妙點子超構想	多湖輝著	180 元

38. 說 NO 的技巧　廖玉山編著　180 元
39. 一流說服力　李玉瓊編著　180 元
40. 般若心經成功哲學　陳鴻蘭編著　180 元
41. 訪問推銷術　黃靜香編著　180 元
42. 男性成功秘訣　陳蒼杰編著　180 元
43. 笑容、人際智商　宮川澄子著　180 元
44. 多湖輝的構想工作室　多湖輝著　200 元
45. 名人名語啟示錄　喬家楓著　180 元

・精選系列・電腦編號 25

1. 毛澤東與鄧小平　渡邊利夫等著　280 元
2. 中國大崩裂　江戶介雄著　180 元
3. 台灣・亞洲奇蹟　上村幸治著　220 元
4. 7-ELEVEN 高盈收策略　國友隆一著　180 元
5. 台灣獨立（新・中國日本戰爭一）　森詠著　200 元
6. 迷失中國的末路　江戶雄介著　220 元
7. 2000 年 5 月全世界毀滅　紫藤甲子男著　180 元
8. 失去鄧小平的中國　小島朋之著　220 元
9. 世界史爭議性異人傳　桐生操著　200 元
10. 淨化心靈享人生　松濤弘道著　220 元
11. 人生心情診斷　賴藤和寬著　220 元
12. 中美大決戰　檜山良昭著　220 元
13. 黃昏帝國美國　莊雯琳譯　220 元
14. 兩岸衝突（新・中國日本戰爭二）　森詠著　220 元
15. 封鎖台灣（新・中國日本戰爭三）　森詠著　220 元
16. 中國分裂（新・中國日本戰爭四）　森詠著　220 元
17. 由女變男的我　虎井正衛著　200 元
18. 佛學的安心立命　松濤弘道著　220 元
19. 世界喪禮大觀　松濤弘道著　280 元

・運動遊戲・電腦編號 26

1. 雙人運動　李玉瓊譯　160 元
2. 愉快的跳繩運動　廖玉山譯　180 元
3. 運動會項目精選　王佑京譯　150 元
4. 肋木運動　廖玉山譯　150 元
5. 測力運動　王佑宗譯　150 元
6. 游泳入門　唐桂萍編著　200 元

・休閒娛樂・電腦編號 27

1. 海水魚飼養法　田中智浩著　300 元

2. 金魚飼養法　曾雪玫譯　250元
3. 熱門海水魚　毛利匡明著　480元
4. 愛犬的教養與訓練　池田好雄著　250元
5. 狗教養與疾病　杉浦哲著　220元
6. 小動物養育技巧　三上昇著　300元
20. 園藝植物管理　船越亮二著　220元

・銀髮族智慧學・電腦編號 28

1. 銀髮六十樂逍遙　多湖輝著　170元
2. 人生六十反年輕　多湖輝著　170元
3. 六十歲的決斷　多湖輝著　170元
4. 銀髮族健身指南　孫瑞台編著　250元

・飲 食 保 健・電腦編號 29

1. 自己製作健康茶　大海淳著　220元
2. 好吃、具藥效茶料理　德永睦子著　220元
3. 改善慢性病健康藥草茶　吳秋嬌譯　200元
4. 藥酒與健康果菜汁　成玉編著　250元
5. 家庭保健養生湯　馬汴梁編著　220元
6. 降低膽固醇的飲食　早川和志著　200元
7. 女性癌症的飲食　女子營養大學　280元
8. 痛風者的飲食　女子營養大學　280元
9. 貧血者的飲食　女子營養大學　280元
10. 高脂血症者的飲食　女子營養大學　280元
11. 男性癌症的飲食　女子營養大學　280元
12. 過敏者的飲食　女子營養大學　280元
13. 心臟病的飲食　女子營養大學　280元
14. 滋陰壯陽的飲食　王增著　220元

・家庭醫學保健・電腦編號 30

1. 女性醫學大全　雨森良彥著　380元
2. 初為人父育兒寶典　小瀧周曹著　220元
3. 性活力強健法　相建華著　220元
4. 30歲以上的懷孕與生產　李芳黛編著　220元
5. 舒適的女性更年期　野末悅子著　200元
6. 夫妻前戲的技巧　笠井寬司著　200元
7. 病理足穴按摩　金慧明著　220元
8. 爸爸的更年期　河野孝旺著　200元
9. 橡皮帶健康法　山田晶著　180元
10. 三十三天健美減肥　相建華等著　180元

11. 男性健美入門	孫玉祿編著	180元
12. 強化肝臟秘訣	主婦の友社編	200元
13. 了解藥物副作用	張果馨譯	200元
14. 女性醫學小百科	松山榮吉著	200元
15. 左轉健康法	龜田修等著	200元
16. 實用天然藥物	鄭炳全編著	260元
17. 神秘無痛平衡療法	林宗駛著	180元
18. 膝蓋健康法	張果馨譯	180元
19. 針灸治百病	葛書翰著	250元
20. 異位性皮膚炎治癒法	吳秋嬌譯	220元
21. 禿髮白髮預防與治療	陳炳崑編著	180元
22. 埃及皇宮菜健康法	飯森薰著	200元
23. 肝臟病安心治療	上野幸久著	220元
24. 耳穴治百病	陳抗美等著	250元
25. 高效果指壓法	五十嵐康彥著	200元
26. 瘦水、胖水	鈴木園子著	200元
27. 手針新療法	朱振華著	200元
28. 香港腳預防與治療	劉小惠譯	200元
29. 智慧飲食吃出健康	柯富陽編著	200元
30. 牙齒保健法	廖玉山編著	200元
31. 恢復元氣養生食	張果馨譯	200元
32. 特效推拿按摩術	李玉田著	200元
33. 一週一次健康法	若狹真著	200元
34. 家常科學膳食	大塚滋著	220元
35. 夫妻們關心的男性不孕	原利夫著	220元
36. 自我瘦身美容	馬野詠子著	200元
37. 魔法姿勢益健康	五十嵐康彥著	200元
38. 眼病錘療法	馬栩周著	200元
39. 預防骨質疏鬆症	藤田拓男著	200元
40. 骨質增生效驗方	李吉茂編著	250元
41. 蕺菜健康法	小林正夫著	200元
42. 赧於啟齒的男性煩惱	增田豐著	220元
43. 簡易自我健康檢查	稻葉允著	250元
44. 實用花草健康法	友田純子著	200元
45. 神奇的手掌療法	日比野喬著	230元
46. 家庭式三大穴道療法	刑部忠和著	200元
47. 子宮癌、卵巢癌	岡島弘幸著	220元
48. 糖尿病機能性食品	劉雪卿編著	220元
49. 奇蹟活現經脈美容法	林振輝編譯	200元
50. Super SEX	秋好憲一著	220元
51. 了解避孕丸	林玉佩譯	200元

國家圖書館出版品預行編目資料

名人名語啟示錄／喬家楓編著
－二版－臺北市，大展，民 87
面；21 公分－（社會人智囊；45）
ISBN 957-557-878-3（平裝）

1. 格言

192.8　　87012817

【版權所有・翻印必究】

名人名語啓示錄　　ISBN 957-557-878-3

編 著 者／喬　家　楓
發 行 人／蔡　森　明
出 版 者／大展出版社有限公司
社　　址／台北市北投區（石牌）致遠一路 2 段 12 巷 1 號
電　　話／(02) 28236031・28236033
傳　　真／(02) 28272069
郵政劃撥／0166955—1
登 記 證／局版臺業字第 2171 號
承 印 者／高星企業有限公司
裝　　訂／日新裝訂所
排 版 者／千兵企業有限公司
電　　話／(02) 28812643
初版 1 刷／1990 年（民 79 年）10 月
2 版 1 刷／1998 年（民 87 年）12 月
2 版 2 刷／1998年（民87年）3月

定　　價／180 元

●本書若有破損、缺頁敬請寄回本社更換●

大展好書 好書大展

大展好書 好書大展